스토리 메이커

STORY MAKER — SOUSAKU NO TAME NO MONOGATARI RON

Copyright © 2008 Eiji Otsuka
All rights reserved.
Korean translation rights arranged with Eiji Otsuka
through COMICPOP Entertainment.

이 책의 한국어판 저작권은 COMICPOP Entertainment를 통해
원저자와의 독점 계약으로 북바이북에 있습니다.
저작권법에 의해 한국 내에서 보호를 받는 저작물이므로
무단 전재와 복제를 금합니다.

THE STORY MAKER
스토리 *메이커

창작을 위한 이야기론

오쓰카 에이지 지음
선정우 옮김

북바이북

일러두기

1. 일본어 인명 및 지명 표기는 「외래어표기법」(1986년 문교부 교시)에 따랐다.
   단, 우리에게 익숙한 한자어의 경우 가독성을 고려하여 한국어 읽기로 표기했다.
2. 독자의 이해를 돕기 위해 옮긴이의 주가 필요한 부분은 책의 끝에 미주로 보충했다.
3. 본문에 인용된 책 가운데, 원서가 아닌 일본어 번역본을 참고한 도서는 다음과 같다.
   - 『민담 형태론』, 블라디미르 프로프 지음, 기타오카 세이지·후쿠다 미치요 번역, 하쿠바쇼보, 1983
   - 『민담의 구조』, 앨런 던데스 지음, 이케가미 요시히코 옮김, 다이슈칸쇼텐, 1980
   - 『신화의 힘』, 조지프 캠벨·빌 모이어스 지음, 토비타 시게오 옮김, 하야카와쇼보, 1992
   - 『신화의 법칙』, 크리스토퍼 보글러 지음, 오카다 이사오, 고모토 미카 옮김,
     스토리아츠&사이언스연구소, 2002(한국어판 제목: 『신화, 영웅 그리고 시나리오 쓰기』)
   - 『유럽의 옛날이야기』, 막스 뤼티 지음, 오자와 도시오 옮김, 이와사키비주쓰샤, 1969
     (한국어판 제목: 『유럽의 민담』)
4. 본문에 사용한 부호와 기호의 뜻은 다음과 같다.
   - 단행본 : 『 』
   - 단편소설, 논문, 기사 : 「 」
   - 잡지, 프로그램, 영화, 애니메이션, 게임 : 〈 〉
   - 시리즈물 : ' '
   - 강조와 인용 : ' ', " "

서문
사람은 기계처럼 이야기를 쓸 수 있다

이 책은 이야기 창작을 위한 매뉴얼을 담은 책이다. 2부에 실은 30가지 질문에 답변함으로써 만화나 애니메이션, 영화, 소설 등 어느 정도 이야기성을 필요로 하는 창작 활동에 사용 가능한 플롯을 만들 수 있다. 다만 어디까지나 플롯일 뿐, 그 플롯을 만화나 소설, 혹은 각본으로 표현하기 위해서는 각각의 장르에 걸맞는 기술이 별도로 필요하다. 무엇보다 어떤 표현 방식을 선택하든 처음부터 마지막까지 일정한 논리성을 가지고 완결된 플롯을 미리 준비해두는 것이 가장 좋다.

이야기의 문법을 습득하기 위해서는

여기에서 말하는 논리성이란 '이야기의 문법'을 뜻한다. '이야기'에는 '이야기'를 '이야기'스럽게 하는 내적인 논리성이 존재한다. 이것을 '이야기의 구조'나 '이야기의 문법'이라고도 할 수 있다. 이에 대한 내용은 이 책의 자매편인 『이야기 체조物語の体操』(아사히신문사, 2000)나 『캐릭터 메이커キャラクターメーカー』(아스키미디어웍스, 2008) 등에 반복하여 설명해놓았다.

물론 이야기의 문법이라는 개념을 모르더라도 훌륭한 이야기를 쓸 수 있는 창작자는 얼마든지 있다. 하지만 그런 사람들은 이야기의 문법을 아느냐, 모르느냐를 떠나서 그것이 이미 자연스럽게 몸에 익어버린 행복한 사례일 뿐이다. 이야기의 문법을 익힌다는 것은 어린아이가 부모나 주위 사람들과의 대화 속에서 자연스럽게 모국어를 배우는 것과 같다. 하지만 자연스럽게 습득한 언어도 문법이라는 논리성을 띠는 법이다. 그렇기 때문에 모국어가 아닌 외국어를 공부할 때 문법이라고 하는 논리성을 먼저 이해하는 절차가 필요한 것이다.

발달심리학자인 우치다 노부코의 연구에 따르면, 어린이가 이야기의 문법을 습득하는 시기는 5세 전후라고 한다(『유아심리학으로의 초대』, 우치다 노부코 지음, 사이언스사, 1998). 하지만 모국어의 문법과 달리 이야기의 문법은 모든 어린이가 스스로 사용할 수 있을 정도로 습득되지는 않는 경향이 있다. 즉, 대부분의 사람들은 책을 읽거나 영상을 보면서 이야기를 이해할 수는 있지만, 이야기를 만들어낼 수 있을 만큼 문법을 습득하는 사람은 한정적이라는 이야기이다. 대부분의 부모는 자녀가 '말하는' 능력을 갖추는 것에 대해서는 많은 노력을 기울이지만, '이야기를 만들어내는 능력'에 대해서는 특별한 교육을 하지 않는다. 따라서 자연스럽게 습득한 어린이만이 이야기의 문법을 쓸 수 있다.

그렇다면 운 좋게도 어릴 적에 이야기의 문법을 모국어처럼 습득하게 된 어린이만이 이야기를 만들어내는 창작자가 될 수 있는 것일까? 결론부터 말하자면 그렇지는 않다.

예를 들어 소설가 요시모토 바나나는 이야기의 문법을 모국어처럼 익힌 작가 중 한 명이다. 한편 무라카미 하루키나 나카가미 겐지 中上健次가 이야기의 문법이라는 개념을 습득한 것은 명백하게 작가가 된 이후의 일이라고 생각된다. 즉, '외국어'로서 이야기의 기술을 습득한 것이다. 앞서 언급한 『이야기 체조』라는 책은 소설은 쓰고 싶지만 쓸 이야기가 떠오르지 않는 흔한 케이스를 포함해서 '외국어처럼 이야기를 배울 필요가 있는 사람들'을 위해 집필했다. 복잡한 개념 설명보다는 반복 연습을 통해 글을 쓰려는 사람이 강제적으로 이야기의 문법에 익숙해질 수 있도록 시도한 책이다. 말하자면 이야기의 문법은 훈련을 통해 몸으로 익힐 수밖에 없다는 것이 『이야기 체조』에서 내가 전제한 바이다. 반면에 이 책 『스토리 메이커』는 30가지 질문에 답을 함으로써 막연히 품고 있거나 혹은 자각하지 못하는 형태로 여러분 안에 있는 것을 이야기의 구조 안에 집어넣어 자신만의 이야기로 뽑아낼 수 있게 도와주는 매뉴얼이다. 나로서는 『이야기 체조』를 통해 먼저 기초체력을 갖추는 편이 바람직하다고 생각하지만, 굳이 그럴 필요 없이 이야기란 체계적인 사고를 거치다 보면 논리적으로 만들어질 수밖에 없는 성질의 것이다.

'스토리 창작'이란 행위를 소프트웨어에 맡긴다

〈드라마티카〉라는 시나리오 창작 보조 프로그램이 있다는 것을 알게 된 것은 이 책을 집필하는 하나의 계기가 되었다. 포토샵이 사진 가공을 도와주는 소프트웨어인 것처럼, 〈드라마티카〉는 스토리를 창작하는 행위를 도와주는 소프트웨어이다. 외국에는 이처럼 스토리 창작을 보조하는 여러 가지 소프트웨어가 있다. 아마도 '창작'이라는 행위에 컴퓨터를 도입한다는 발상에 위화감을 느끼는 사람도 많을 것이다. 특히 소설의 어떤 특수한 형태를 '문학'이라 부르고, 창작하는 행위를 신비화시키려는 사람들 중에 많다.

하지만 오늘날, 소설을 포함해서 '문학'이라 불리는 것은 PC의 워드프로세서 소프트웨어를 사용함으로써, 실질적으로 컴퓨터의 보조를 받고 있는 것이 사실이다. 많은 워드프로세서 소프트웨어가 글자한 개를 입력하면 그로부터 추정되는 단어나 문장을 예측하여 표시해준다.[1] 표시된 내용 중에서 선택하는 행위가 현재 문장을 창작하는 행위의 중심에 있다는 것이다. 그것은 결국 문체 ― 즉, 문장을 쓰는 사람 고유의 어휘 데이터베이스와 사용 빈도 및 단어끼리 연결시키는 편차 ― 를 소프트웨어에 맡기고 있는 것이나 마찬가지이다. 워드프로세서가 출현한 직후, 실제로 워드프로세서가 작가의 문체를 변화시킬지에 관한 논의는 있었지만, 문체를 '변화'시킨다기보다는 일부나마 작가가 외부에 '위탁'하는 것인 셈이다.

그렇게 본다면, 문학의 본질 중 하나로 생각되던 기술인 '문체'를 이미 작가들이 컴퓨터에 맡기고 있는 이상, 스토리를 창작하는 행위의 일부를 소프트웨어에 맡긴다고 해서 거부할 이유는 없지 않겠는가. 물론 그런 식으로 컴퓨터에 맡기는 영역이 점점 늘어난다면 결국에는 소설을 쓰는 행위 전체를 컴퓨터가 담당하게 되는 것은 아닐까 걱정을 하는 것도 무리가 아니다. 또한 내가 창작 입문서를 쓰는 것이 '문학'에 종사하는 사람들의 신경을 긁는 이유도 작가의 '고유성'이라는 것을 부정하는 것처럼 보이기 때문이라는 것을 안다.

솔직히 말하자면, 나는 '소설을 쓴다'는 행위를 컴퓨터가 대행하는 것이 지금 당장에도 그리 어렵지 않다고 생각한다. 이미 컴퓨터는 작가의 문체를 자동 생성하는 프로그램이나 블로그 글을 자동적으로 집필하는 인공지능 수준으로는 글을 쓸 수 있다. 포르노소설처럼 플롯과 묘사가 특화되어 있는 소설을 자동 생성하는 프로그램은 이미 웹에 존재하고(나노타비문고[http://homepage3.nifty.com/yuki_nanotabi/]: 오래 전 프로그램 공모전에서 이주인 히카루상이라는 미묘한 상을 수상한 적이 있는 이 프로그램이 어떤 존재였는지에 대해서는 '문학사文學史' 안에서 정당하게 평가할 필요가 있다), 이후 다시 기술하겠지만 플롯을 자동생성하는 프로그램은 이미 80년대 이후 시험적으로나마 제작된 적이 있다. 어떻게 생각할지 모르겠지만 나는 그것들도 나름대로 재미있다고 생각한다.

'신화 제작 기계'라는 이미지

이와 같은 나의 생각은 과거 컴퓨터 게임의 여명기였던 1980년대 중반, 지금은 일본 롤플레잉게임RPG[2]의 개척자로 알려져 있는 번역가 야스다 히토시가 '신화 제작 기계'라고 형용했던 이미지를 접하면서 더욱 선명해졌다(『신화 제작 기계론』, 야스다 히토시 지음, BNN, 1987). 야스다는 어드벤처 게임이 종료되면 그 전개 내용을 출력해주는 소프트웨어나 게임을 만드는 기능을 갖추어 임의의 소재로부터 RPG를 만들어내는 소프트웨어를 예로 들면서, 컴퓨터 게임이라는 새로운 문화로부터 컴퓨터가 이야기를 쓰는 기계로 변용될 수도 있다는 가능성을 지적했다. 내가 한때 컴퓨터 게임에 흥미를 가지게 된 것도 잡지에 게재된 야스다의 그 에세이 때문이었다. 나는 예전이나 지금이나 디지털 미디어가 가진 가능성을 그다지 믿지 않는 부류지만, '신화 제작 기계'라는 이미지는 유일하게 내 관심을 끌었다. 그것은 몇 가지 과정을 거쳐 '게임처럼 이야기를 쓴다'는 원작² 창작법의 기초가 되었다. 만화의 원작을 쓰는 행위도 게임에서 1회분의 플레이와 같다는 게 내 '원작자'로서의 출발점이었다.

　하지만 컴퓨터 게임의 역사가 야스다가 그린 '신화 제작 기계'로서의 미래를 그대로 따라가지는 않았다. 내가 아주 잠시 패미컴 famicom 시절에 컴퓨터 게임 제작에 관여했다가 금새 관심을 잃었던 것도 어느 정도는 그런 이유 때문이었다. 내 흥미를 끌었던 것은 이야기를 만드는 기계이지 게임은 아니었던 것이다. 또한 『이야기 체조』는 컴퓨터라는 미디어와는 아주 다른 지점에서 이야기를 만드는 기계라는 사고방식을 구체화시켰던 책이다. 나는 기계가 이야기를 만들 수 있다면, 반대로 사람 역시 기계처럼 이야기를 만들 수 있을 것이다, 라고 생각했다. 그 당시 내게 '신화 제작 기계' 역할을 해주었던 것은 프로그램이 아니라 대학 시절 공부했던 신화나 민담의 구조 분석이었다. 그런 학문은 이미 지적 유행으로서는 한물간 상태였지만, 이야기 구조론은 이야기가 기계처럼 체계적으로 성립된다고 주장하고 있었고, 그렇다면 사람도 마찬가지로 체계적으로 이야기를 만들 수 있을 거라 생각했다.

　야스다는 『신화 제작 기계론』에서 1984~87년경까지 미국 컴퓨터 게임 여명기의 광경을 소개했지만, 이 시기에 내가 이 책에서 참조한 '이야기론'이나 '이야기 구조론' 영역에서도 이야기의 문법을 일종의 알고리즘으로 생각해보자는 움직임이 명확해졌다. 예를 들어, 미국의 인류학자 피에르 마란다Pierre Maranda는 이야기론의 고전인 블라디미르 프로프Vladimir Propp의 『민담 형태론』'에서 제시한 '이야기 문법'을 〈그림 1〉처럼 플로 차트flow chart로 만들었다. 그림에서 볼 수 있듯이 웬만한 게임풍 판타지 플롯은 이 플로 차트를 이용하면 쉽게 만들 수 있다.

이처럼 이야기를 시뮬레이션적인 알고리즘으로 바꿔 쓰자는 발상은 자연스럽게 컴퓨터 프로그램과 연결된다. 게임 서사 연구자이자 평론가인 마리 로르 라이언Marie-Laure Ryan은 『가능 세계·인공지능·이야기 이론Possible Worlds, Artificial Intelligence, and Narrative Theory』에서 1980년대에 시도된 대표적인 이야기 생성 프로그램을 소개한 후 "이야기를 짜내는 기술을 컴퓨터에게 가르친다는 것은 희망이 없는 시도"일지도 모른다고 하면서도 그것이 이야기의 본질에 있어서는 새로운 발견일 거라고 말한다. 기계가 이야기를 어디까지 만들어낼 수 있는가라는 질문은 당연히 사람은 어떻게 이야기를 만드는가라는 관심으로 나타나기 때문이다. 그것을 그저 개념이나 문예비평으로 검증할 것이 아니라 이야기 자동 생성 소프트웨어라는 '실험'을 통해 검증해야 한다는 것이 그녀의 입장이다.

내게 있어서도 '쓰는' 방법을 '가르치는' 것은 글을 쓰는 행위를 논리적으로 생각하는 것과 같은 의미이다. 예를 들어 만화를 만드는 법을 가르치는 것과 만화란 무엇인지를 생각하는 것은 내 안에서는 불가분의 관계인 것이다. 나는 창작하는 행위나 비평 및 연구하는 행위에 있어 어느 한쪽이 다른 한쪽에 대해 특권적이어서는 안 된다고 생각한다.

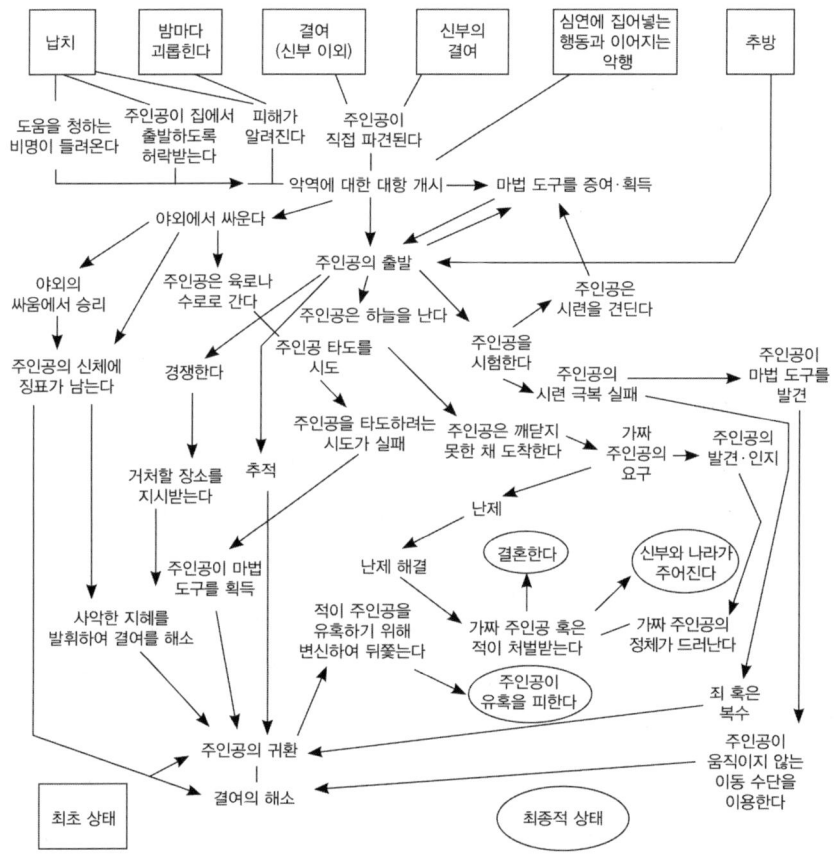

그림 1 프로프가 『민담 형태론』에서 제시한 '이야기 문법'을 토대로 만든 플로 차트.
Maranda, Pierre. 1985. "Semiography and Artificial Intelligence" International Semiotic Spectrum4 : 1-3에 게재된 그림을 마리 로르 라이언의 『가능 세계·인공지능·이야기 이론』(이와마츠 마사히로 옮김, 스이세이샤, 2006)에서 재인용

기계를 통해 창작하는 행위가 인간의 고유성을 나타낼 수도 있다

사실 나는 워드프로세서조차 사용하지 않을 정도로 아날로그적인 인간이다. 컴퓨터뿐 아니라 휴대전화의 문자도 건드리지 않는다(정확히 말하자면 문자를 수신하는 것은 할 수 있지만 보내지는 못한다). 모든 원고는 고쿠요샤에서 나온 원고지에 손으로 직접 쓴다. 창작자로서도 책이나 잡지라는 인쇄 매체에 머무르고 있고, 웹상에는 더더욱 내가 있을 장소가 없다고 생각한다. 요즘은 사람을 직접 대하는, 즉 미디어를 통하지 않는 일회성 전달 형식인 강의라는 커뮤니케이션 형태에 크게 흥미를 느끼고 있다.

그렇기 때문에 글을 쓰는 행위를 어디까지 컴퓨터에 맡길 수 있을 것인지 따져보는 질문을 무책임하게 내뱉을 수 있는가 하면 그렇지도 않다. '신화 제작 기계'의 꿈은 창작 행위의 근거가 되는 근대적인 '나'라는 존재가 과연 있는지 묻는 것과 같다. 애시당초 나는 근대적 개인이나 인간의 고유성을 포스트모더니즘이 어쩌구 저쩌구 하는 사람들처럼 간단히 부정할 수 있는 거라고는 생각하지 않는다. 다만 문학에 종사하는 사람들에게서 자주 볼 수 있는 것처럼, 그런 고유성이 자신들과 같은 특별한 인간에게만 있다는 주장에 동의하지 않을 뿐이다.

하지만 '근대적 개인'이나 '고유성', 즉 '나'라는 존재가 '나로써 존재하는 것'은 글을 쓰거나 말을 하는 행위로만 가능하다. 그 가능성만큼은 나는 매우 긍정한다. 창작 행위를 철저히 과학화하고 사람들에게 개방되도록 하여 그 결과 민속학이라는 학문을 만들어낸 야나기타 구

니오[5]에게 내가 호의적인 이유는, 창작 기술을 획득한 개인만이 근대를 끌어당길 수 있다는 그의 생각에 동의하기 때문이다(『괴담전후怪談前後 – 야나기타 민속학과 자연주의』, 오쓰카 에이지 지음, 가도카와학예출판, 2007). 그런 의미에서 아직까지 '현재'는 '근대'가 아니라고 생각한다. 근대적인 제도를 해체하여 무효를 선언하고자 해도 아직 '근대'조차 충분히 논의되지 못했다고 보기 때문에 나는 포스트모더니즘적 주장에 동의할 수 없다. '신화 제작 기계'가 창작이란 특권을 해체한다는 점에서는 '작가의 죽음'을 선고하는 사상처럼 생각될 수도 있겠지만, 기계를 통해 창작하는 행위의 끝에 개인의 고유성이 나타날 수 있다는 것이 나의 입장이다. 이 말은 고유성은 직업적 작가에게만 허용되어서는 안 된다는 뜻이기도 하다. '기계화 = 기술화'된 이야기론은 '와타시가타리私語り'[6]의 가장 유효한 도구 중 하나인데, 대부분의 와타시가타리가 답답하기만 한 이유는 글을 쓰는 기술이 부족하여 미적으로 혹은 논리적으로 완성도를 갖추지 못했기 때문이다.

인터넷은 작가의 특권이던 작품 발표 기회와 글쓰기 기술의 신비화라는 두 가지 중에서 전자를 일거에 해방시켰다. 이제는 모든 이가 자신의 글을 발표할 수 있는 시대가 되었으니, 글을 쓰는 기술 역시 여러 가지 측면에서 개방되어야 한다고 생각한다. '이야기' 역시 예외는 아니다.

자신만의 '이야기'를 손에 넣기 위해

항상 하는 말이지만 나의 이런 비평가로서의 의지는 이 책의 독자들에게는 아무 상관도 없을 것이고, 설사 그런 태도로 받아들여도 전혀 문제없다.

글을 쓰는 첫걸음으로 그저 매뉴얼대로 따라해서라도 이야기를 만들고 싶다는 동기로 이 책을 읽는 것만으로도 충분하다. 매뉴얼을 따라 쓰다 보면 어느새 여러분도 자신만의 이야기를 펼칠 수 있을 것이다.

1부에서는 '이야기'를 만드는 기초가 되는, 혹은 응용할 수 있는 다섯 가지 이야기론에 관해 살펴보겠다. 다만 어디까지나 창작에 전용할 수 있는 것만 다룰 뿐 이야기론이라는 문학 이론 전체를 다룰 생각은 없다. 되도록 쉽고 편하게 설명하려고 노력하겠지만 아무래도 영어 문법 수업처럼 조금은 따분할 수도 있다. 조금이나마 읽을거리로 관심을 가질 수 있도록 나카가미 겐지의 미완 작품을 작례로 들어 그 결말을 예상하는 형태로 만들었다(이야기 구조론을 응용하여 미완인 스토리의 결말을 예상하는 것은 1980년대에 자주 볼 수 있던 연구자나 비평가의 '재주'일 뿐이지만). 1부는 『캐릭터 메이커』혹은 『이야기 체조』를 이미 읽으신 분이라면 가볍게 훑어도 무방하다. 다만 '프로프의 31가지 기능'이나 '랑크의 영웅신화론', '캠벨의 단일신화론'은 그 자체를 플롯 작성의 매뉴얼로 사용할 수 있는 수준이므로 살펴보시길 권한다. 그런 점에서 앞서 〈그림 1〉에 제시한 피에르 마란다의 플로 차트도 많은 도움이 될 것이다.

2부는 1부에 서술한 내용을 바탕으로 작성한 30가지 질문에 답변하면서 플롯을 작성하는 방법으로, 내가 가르친 학생이 만든 작례를 통해 상세하게 짚어보겠다.

먼저 이 책은 '읽는' 것이 아니라 '쓰는' 것이라는 점을 유념해주길 바란다. 이 책의 목표는 2부의 매뉴얼에 따라 여러분이 직접 이야기를 만들어보게 하는 것이다. 아무쪼록 이 책을 읽기보다는 이야기를 써주시길 바란다. 문제집 형식을 채용한 이유도 그 때문이다. 신서[7]가 실용서 투성이라고 한탄하는 사람도 많지만, 이 책은 실용적으로 사용하지 않으면 아무 의미도 없는 책이다.

책의 맨 뒤에는 여러분이 직접 답을 적을 수 있는「스토리 메이커」를 부록으로 첨부했다. 이 책을 읽은 후에 꼭 '써'보기를 부탁드리며, 이야기를 쓴다는 것이 어떤 것인지 직접 경험해보기를 바란다.

차례

서문 사람은 기계처럼 이야기를 쓸 수 있다   5

이야기의 문법을 습득하기 위해서는 | '스토리 창작'이란 행위를 소프트웨어에 맡긴다 | '신화 제작 기계'라는 이미지 | 기계를 통해 창작하는 행위가 인간의 고유성을 나타낼 수도 있다 | 자신만의 '이야기'를 손에 넣기 위해

■ 1부 창작을 위한 다섯 가지 이야기론

1장 이야기의 기본은 '갔다가 돌아오기'다   21
— 세타 데이지, 『어린이 문학』

게임계 판타지의 기본 패턴 | 일상과 현실을 실감하는 과정 | 갔다가 돌아오는 문법에 충실한 미야자키 하야오의 애니메이션 | 성인식으로서의 이야기 | 일상과 비일상의 경계를 넘는다

2장 이야기를 구성하는 최소 단위는 무엇인가   37
— 블라디미르 프로프, 『민담 형태론』

이야기는 단위의 조합으로 구성된다 | 캐릭터에는 역할이 있다 | 마법민담의 여덟 가지 캐릭터 | 31가지 기능을 설명하다 | 결여를 회복하는 구조 | 주인공의 출발과 싸움 | 주인공의 귀환 | 러시아 마법민담의 네 가지 명제

3장 영웅은 누구를 죽이고 어른이 되는가   67
— 오토 랑크, 『영웅 탄생 신화』

나카가미 겐지의 시도 | 이야기론적으로 미완의 결말을 예상해보다 | 전 세계에 존재하는 보편적인 이야기 | '귀종'의 탄생과 '어머니의 죽음' | '흘려보내진 자'로서의 속성 | 죽여야 할 아버지 | 이야기론에 의해 스토리를 만드는 것은 가능한가?

4장 전 세계 신화는 동일한 구조로 이루어져 있다   89
— 조지프 캠벨, 『천의 얼굴을 가진 영웅』

할리우드 영화의 스토리 개발 | 스토리 만화의 기원 | 신화를 심리학적으로 해설하다 | 비일상으로 출발하다 | 어른이 되는 과정으로서의 이니시에이션 | 일상으로의 귀환 | 영웅신화의 기본 구조

5장 할리우드 영화의 이야기론   127
— 크리스토퍼 보글러, 「신화, 영웅 그리고 시나리오 쓰기」

구조는 동일하지만 외견은 완전히 다른 이야기 | 이야기의 인과율 | 일본의 이야기에는 구조밖에 없다? | 글로벌화와 만화·애니메이션의 변모 | 할리우드 영화의 매뉴얼을 검증하다 | 영웅의 여행이라는 구조

■ **2부 스토리 메이커** — 30가지 질문에 답하면서 당신의 이야기를 만들자

1장 〈질문 1~16〉 주인공의 내적 영역을 설계한다   151
       column : 카드로 플롯을 만들자   200

2장 〈질문 17~30〉 이야기의 구조를 조립한다   203

저자 후기   240
역자 후기   245
주석   253
찾아보기   266
부록 「스토리 메이커」   269

1부
창작을 위한 다섯 가지 이야기론

1장
이야기의 기본은 '갔다가 돌아오기'다
― 세타 데이지, 『어린이 문학』

게임계 판타지의 기본 패턴

이야기의 문법에서 가장 기본적인 것에는 '결락된 것이 회복된다'는 패턴과 '갔다가 돌아온다'는 패턴 두 가지가 있다. 전자에 대해서는 다른 장에서 살펴보도록 하고, 여기서는 가장 대표적인 이야기 문법인 '갔다가 돌아온다'에 관해 살펴보자.

'갔다가 돌아온다'는 구성이 이야기의 가장 기본적인 패턴이라고 말한 사람은 『반지의 제왕』(J. R. R. 톨킨 지음)의 일본어판 번역자이기도 한 아동문학자 고故 세타 데이지이다. 세타는 갔다가 돌아오는 구성을 '갔다가 돌아오는 이야기'라고도 불렀으며, 『반지의 제왕』의 프리퀄prequel에 해당하는 『호빗』의 원제인 'The Hobbit or There and Back Again'에서 이미 확인할 수 있다고 쓴 바 있다(『어린이 문학幼い子の文』, 세타 데이지 지음, 추오코린신샤, 1980). 간단히 설명하자면, 이 영국산 판타지 『반지의 제왕』은 미국으로 건너가 〈던전 앤 드래곤〉'이라는 보드 게임이 만들어지는 계기가 되고 점차 컴퓨터 RPG로 진화했다. 나아가 〈던전 앤 드래곤〉을 바탕으로 한 컴퓨터 RPG는 패미컴 소프트 〈드래곤 퀘스트〉의 원형이 되었는데, 이런 맥락에서 보자면 오늘날 게임계

판타지의 근원은 바로 이 『반지의 제왕』과 『호빗』이라 할 수 있다. 즉, '갔다가 돌아온다'는 이야기의 패턴이야말로 게임계 판타지의 기본이다.

톨킨의 대학 동료였던 C. S. 루이스의 『나니아 연대기』도 주인공인 소년과 소녀가 옷장 안에 있는 나니아국에 '갔다가 돌아오는' 것이 기본 줄거리다.

이후 다시 이야기하겠지만 '갔다가 돌아온다'는 패턴이라고 해서 주인공이 원래 있던 장소로 무조건 돌아오는 것은 아니며, 자신이 있던 장소와는 다른 장소로 돌아가는 경우도 자주 있다. 무엇보다 여기서 중요한 것은 갔다가 돌아온다고 하는 문법이 대체 어떤 의미인가 하는 점이다.

일상과 현실을 실감하는 과정

세타 데이지는 갔다가 돌아오는 이야기가 "발달 과정에 있는 어린이의 두뇌와 감정이 가장 받아들이기 쉬운 형태"라고 지적하면서, 마저리 플랙Marjorie Flack의 『앵거스와 두 마리 오리Angus and the Ducks』를 예로 들면서 이 책의 구조가 가지는 의미를 검증한다. 책의 주인공은 앵거스라는 검은 스코치테리어 강아지인데, 울타리 너머에 있는 오리한테 흥미를 느껴 울타리 '너머'로 가지만 오리한테 쫓겨서 도망쳐 온다는 내용이다. 앵거스는 말 그대로 '갔다가 돌아오는' 것이다. 이 그림책에는 갔다가 돌아오는 이야기를 만들기 위한 필요 요소가 확실히 제시되어 있다. 〈그림 2〉은 『앵거스와 두 마리 오리』의 한 페

그림 2 『앵거스와 두 마리 오리』의 한 장면. '갔다가 돌아오는' 이야기의 기본 구도가 명확하게 나타나 있다.
(마저리 플랙 지음, 세타 데이지 번역, 후쿠온칸쇼텐, 1974)

이지인데, 여기에는 갔다가 돌아오는 이야기의 기본적인 구도가 명확하게 나타나 있다. 울타리를 사이에 두고 '이쪽 편'에는 앵거스, 그리고 '저쪽 편'에는 오리가 있다. 이처럼 이쪽 편과 저쪽 편이라는 두 공간을 울타리라고 하는 '경계선'이 구분 짓고 있다.

갔다가 돌아오는 이야기에서 가장 중요한 것은 이 경계선을 넘어 저쪽 편으로 간다는 것이다. 이 경계선은 작중에 구체적으로 드러나 있는 경우도 있는가 하면 어디까지나 상징적인 경계선일 때도 있다.

하지만 작품세계 안에 하나의 경계선이 있고, 그 선을 넘어 주인공이 '저쪽 편'으로 갔다가 다시 돌아오는 것에 '이야기'의 가장 기본이 존재한다는 것이야말로 이야기의 가장 단순한 형태임을 기억하자.

세타의 설명에 따라 『앵거스와 두 마리 오리』를 조금 더 살펴보자.

울타리를 사이에 두고 이쪽 편에 있는 앵거스에게 울타리의 저쪽 편에 있는 오리의 모습은 보이지 않는다. 단지 소리가 들려서 그 존재에 대해 호기심을 보이고 있는 것이다. 즉, 주인공에게 있어서 경계선 저쪽 편의 세계는 이쪽 편에서 확실하게 알 방법이 없는 미지의 세계이다. 앵거스는 미지의 세계에 '갔다가', 오리라는 미지의 존재를 만나게 된다. 그림책에서 앵거스는 호기심이 많은 개로 설정되어 있는데, 그런 앵거스의 호기심을 충족시킬 만한 것은 항상 '울타리'의 저쪽 편에 존재한다.

앵거스는 그곳에서 미지의 존재인 오리와 만나고, 도망쳐 '돌아온다'. 다시 한번 말하지만 이 도망친다는 행위는 절대적인 요소는 아니지만 이야기의 기본적인 요소이며, 이에 대해서는 다른 장에서 자세히 살펴보기로 하자.

여기서 기억해야 할 것은 앵거스가 도망쳐서 돌아온 곳이 소파 아래(〈그림 3〉), 즉 앵거스가 안심할 수 있는 장소라는 점이다.

미지의 존재를 만나는 것뿐이라면 그냥 가기만 하더라도 상관없을 것이다. 하지만 돌아옴으로써 비로소 원래 자신이 있던 장소의 의미를 확인할 수 있게 된다. 즉, 주인공이 이와 같은 과정을 거치면서 일상이나 현실을 실감하는 것이 바로 '갔다가 돌아오는' 이야기의 주제이며, 이런 의미에서 이야기란 현실의 재발견이라고도 말할 수 있다.

갔다가 돌아오는 이야기의 가장 원초적인 형태로 '엄마 없다'[2] 놀이를 들 수 있다. 엄마가 얼굴을 감췄다가 다시 드러내는 놀이가 어째서 아이한테 매력적인가 하면, '엄마가 있는' 세계로부터 '없는' 세계로 '갔다가', 다시금 '엄마가 있는' 세계로 돌아온다는 구조가 있기 때문이다. 술래잡기도 마찬가지이다. 숨는다는 것은 건너편으로 혼자 간다는 얘기인데, 이후 다른 친구들이 있는 곳으로 돌아올 수 있

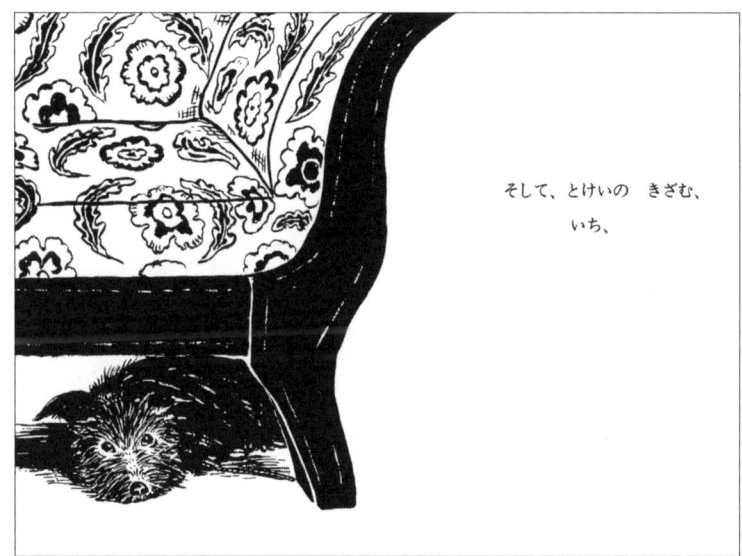

그림 3 『앵거스와 두 마리 오리』의 한 장면

을지 없을지 모른다는 불안감과 술래한테 발견되어 다시 돌아가는 안도감이 공존한다.

갔다가 돌아오는 문법에 충실한 미야자키 하야오의 애니메이션

그런 의미에서 미야자키 하야오의 애니메이션에 '갔다가 돌아오는' 문법을 사용한 작품이 많은 것에 주목할 필요가 있다. 〈센과 치히로의 행방불명〉은 주인공인 치히로가 터널 저쪽 편, 그리고 다리 건너에 있는(물론 터널과 다리가 경계선 역할을 한다) 저쪽 편 세계의 여관으로 가는 것에서 이야기가 시작된다. 또한 저쪽 편 세계에 간 후에도 또 다른 주인공인 하쿠를 구하기 위해 가오나시와 물 위를 달리는 열차를 타고 제니바가 있는 곳으로 '갔다가 돌아오는' 이야기가 포함되어 있다.

이와 동일하게 〈벼랑 위의 포뇨〉에도 두 번의 갔다가 돌아오는 이야기가 숨겨져 있다. 하나는 소스케와 만난 포뇨가 바닷속으로 끌려들어갔다가 다시 인간의 모습이 되어 돌아오는 이야기이고, 또 하나는 소스케가 포뇨와 함께 어머니와 바다의 일족이 사는 물속으로 여행을 가는 이야기이다. 미야자키 하야오는 〈팬더와 친구들의 모험〉의 '빗속의 서커스' 에피소드와 〈센과 치히로의 행방불명〉 등에서 '저쪽편' 세계를 수몰된 거리라는 이미지로 그렸다. 〈벼랑 위의 포뇨〉에서는 물속에서 소스케와 포뇨가 돌아오는 부분은 묘사되지 않았지만, 머지않아 쓰나미가 물러가고 거리로 돌아올 것이라는 것을 예측할 수 있다.

미야자키의 작품 중에서 갔다가 돌아오는 기본 문법에 가장 충실하면서도 처음부터 끝까지 이 요소로만 내용 전체를 이끌어가는 작품이 〈메이와 아기고양이 버스〉이다.

이 작품은 〈이웃집 토토로〉의 속편으로, 도쿄 미타카 시에 있는 지브리 미술관에서 비정기적으로 상영되는 애니메이션이다. 20여 분 정도의 단편인데 이야기는 매우 단순하다.

바람이 센 어느 날 메이의 방에 작은 회오리바람이 불어온다. 그 정체는 아기고양이 버스. 메이는 이 아기고양이 버스에게 캐러멜을 준다.

심야에 아기고양이 버스가 몰래 찾아오고 메이는 아기고양이 버스를 탄다. 메이 혼자만 탈 수 있는 고양이 버스다. 나는 『캐릭터 메이커』라는 책에서 고양이 버스가 스토리의 구조상 일본 옛날이야기

그림 4 〈메이와 아기고양이 버스〉의 한 장면. 미야자키 하야오의 작품 중에서 갔다가 돌아오는 기본 문법에 가장 충실한 작품이다.
『지브리의 숲 영화: 메이와 아기고양이버스』 (이마니시 치즈코 편집, 도쿠마 기념 애니메이션 문화재단, 2002)

에 등장하는 우바카와[3]와 같은 역할을 하며, 주인공이 부모와 떨어져서 불안정한 상태에 있을 때 보호해주는 아이템이라고 설명한 바 있다. 이 아기고양이 버스에 대한 묘사야말로 고양이 버스가 우바카와라는 것을 단적으로 보여준다(〈그림 4〉). 메이는 아기고양이 버스를 옷처럼 '입고' 있으니 말이다.

메이는 아기고양이 버스를 타고 풍정토風淨土라는 신사 숲에 간다. 그곳에는 토토로를 닮은 생물들이 여러 형태의 고양이 버스를 타고 와 있다. 처음에 메이는 토토로를 닮은 괴물들에게 둘러싸여 조금 불안해하지만 토토로를 발견하고 그 품에 뛰어든다. 메이는 아기고양이 버스, 토토로와 함께 할머니고양이 버스에게 캐러멜을 주고, 다시 아기고양이 버스를 타고 집으로 돌아오는 것으로 이야기는 끝난다.

사쓰키나 아버지, 어머니는 이 애니메이션에 등장하지 않는다. 어떤 사건이 벌어지는 것도 아니다. 그냥 아기고양이 버스를 타고 '갔다가 돌아오는' 것뿐이다. 하지만 미야자키 하야오의 장편을 본 것 같은 만족감마저 드는 작품이다.

내 사무실에서 걸어서 5분 거리에 지브리 미술관이 있어서 〈메이와 아기고양이 버스〉가 상영하는 날 보러가기도 하는데, 신사 숲에서 메이가 토토로를 닮은 괴물에 둘러싸이는 장면에 다다르면 관람하던 아이들 중 몇몇이 무섭다고 중얼거리는 점이 항상 인상적이었다. 이 장면에서 괴물들이 메이한테 무슨 짓을 하는 것은 아니다. 괴물의 생김새도 토토로와 거의 비슷하다. 하지만 이 장면은 무섭다. 왜냐하면 그곳은 아기고양이 버스와 함께 있다고는 해도 부모나 사쓰키 언니가 있는 메이의 집이 아니며, '건너편'에 있는 미지의 세계이기 때문이다. 무섭다는 것은 '혼자'서 '건너편'에 있다는 사실로 인한 불안 혹은 미지의 존재에 대한 두려움이라는 것을 상영관 안에서 아이들이 중얼거리는 말을 들을 때마다 항상 느낀다.

그런 두려움이 〈메이와 아기고양이 버스〉에 제대로 그려져 있다는 것은 매우 중요하다. 바로 건너편이 올바르게 그려져 있다는 증거이기 때문이다.

성인식으로서의 이야기

앞에서 갔다가 돌아오는 이야기가 술래잡기라는 놀이와 매우 닮았다고 설명한 바 있다. 이에 대해 설명한 사람 중의 한 명이 후지타 쇼조⁴이다.

> 이 유희 속 경험의 핵심적인 부분에 그림자처럼 비치는 '실체'는 대체 무엇인가. 즉, 술래잡기의 주제는 무엇인가. 구보타 도미오 씨가 번역을 맡은 G. 로다리의 지적에 따라 단적으로 말한다면, 이 유희적 경험의 중심에 있는 것은 '미아의 경험'이고, 또한 자기 혼자 격리된 고독한 경험이자 사회로부터 추방당한 유형의 경험이며, 혼자서 떠돌지 않으면 안 되는 방황의 경험이자, 사람이 사는 사회의 경계를 넘어선 곳에 펼쳐져 있는 황량한 숲이나 바다를 목표로 방향도 모르는 채 무언가를 위해 가지 않으면 안 되는 여행의 경험인 것이다. 그리고 그런 추방당하여 방황하는 여행의 세계가 잠깐 눈을 감은 다음 갑자기 찾아오는 점에 있어서, 어느 날 아침 잠에서 깨어나면 도래해 있을지도 모르는 일상적 예상을 아득히 넘어선 사건의 상상이 그림자를 드리우고 있다. 그것은 거의 카프카적 세계에 통하는 어떤 가능적 경험의 암시이기도 하다.
>
> 이렇게 '엄지손가락 타로'의 세계와 '술래잡기(가쿠렌보)'의 세계는 완전히 동일한 주제를 가지고 대응하고 있는 것이다.
>
> (『정신사적 고찰』, 후지타 쇼조 지음, 헤이본샤, 1982)

후지타가 생각한 술래잡기란 옛날이야기나 신화의 주인공이 여행에 나서거나 경우에 따라서는 천국이나 집에서 추방되어 방황하다가 마지막에는 결국 원래 있던 장소로 돌아감으로써 자신이 발 딛고 있는 곳을 확인하는 것과 동일한 경험을 하는 것이다.

후지타의 생각에서 중요한 것은 민속학이나 인류학의 성과를 바탕으로 갔다가 돌아오는 이야기로서의 술래잡기에 '성인식'이 반영되어 있다는 이론을 전개시킨 점일 것이다. 옛날이야기의 구조와 민속 의례인 성인식이 대응 관계에 있다는 것은 민담 연구의 고전적 입장 중의 하나이기 때문이다.

즉, 갔다가 돌아오는 이야기란 아이에서 어른이 되는 과정을 이야기라는 형태로 경험하는 것에 다름 아닌 것과 같다. 성인식(통과의례 혹은 이니시에이션initiation이라고도 한다)은 세 가지 과정으로 구성되어 있다는 것이 정설이다. 첫 번째는 의례에 참가하는 참가자를 본래 있던 환경, 즉 가족이나 생활권으로부터 떨어뜨리는 것으로 '건너편'으로 '가는' 과정이다. 그 다음이 건너편에서 일어나는 사건이다. 의례의 참가자는 건너편에 감으로써 상징적인 죽음 상태에 처한다. 민속 의례에서는 산속이나 동굴 등 이쪽 편으로부터 격리된 장소로, 신화나 옛날이야기의 주인공은 죽음의 나라로 여행을 떠난다. 마지막은 재생이다. 참가자는 건너편에서 현실로 '돌아오는' 것을 통해 갈 때와는 다른 사람으로 변하게 된다. 이처럼 성인식, 혹은 통과의례는 그 자체가 갔다가 돌아오는 이야기로 존재한다고 말할 수 있다.

일상과 비일상의 경계를 넘는다

현대사회에는 민속 의례적인 성인식이 더 이상 존재하지 않는다. 매년 1월에 일본 각지에서 열리는 성인식에 '갔다가 돌아오는' 구조가 존재하는 것도 아니다. 하지만 갔다가 돌아오는 이야기가 우리들이 현실에 있다는 것을 확인시켜 주는 절차라는 점. 그리고 그 과정이야말로 조금씩 어른이 되기 위해서는 불가피한 경험이라는 점은 같다. 오히려 성인식이 소멸된 사회이기 때문에 사람들이 갔다가 돌아오는 이야기를 더욱 필요로 한다고 할 수 있다.

예를 들어 디즈니랜드의 놀이기구 대부분이, 관객이 탈것에 탑승해서 다른 세계인 디즈니의 허구 속 세계로 '갔다가 돌아오는' 구조인 것도 그 때문이라고 할 수 있다.

갔다가 돌아오는 이야기를 그림으로 표현하면 〈그림 5〉와 같다. 주인공은 일상에서 비일상으로 갔다가 돌아오는 한편, 원래의 상태에서는 변화했다는 것을 나타낸 것이다. 주인공은 마이너스 상태, 즉 '결여'에서 출발해서 플러스 상태인 '결여의 해소'로 향하기 위해 세로축, 즉 '경계선'을 넘어 비일상 쪽으로 '갔다가 돌아올' 필요가 있다는 것이다. 이와 같이 이야기는 경계를 넘음으로써 시작된다. 대부분의 경우 주인공은 경계선 저편으로 갔다가 돌아오는데, 한편 다음과 같은 이야기도 존재한다.

옛날에 정직한 남자가 산에 풀을 베러 갔다가 화살을 맞은 학 한 마리를 구해줬다. 그해 가을 무렵, 처음 보는 여자가 찾아와서 하룻밤 묵

어갈 수 있겠냐고 물었고, 남자는 여자를 불쌍히 여겨 묵어가게 해줬다가 결국 부부가 되었다. 그 후 정월이 되었는데, 가난하여 설날 준비를 할 수 없게 되자 부인이 열심히 베를 짜서 만든 천을 임금님에게 가져가서 팔기로 한다. 임금님은 많은 돈을 주면서 한 벌 더 짜오라고 했고, 집에 돌아와 부인에게 이 사실을 말한다. 부인은 한 벌 더 짤 수 있을지는 모르겠지만 아무튼 해보겠다고 한다. 그 대신 천을 다 짤 때까지는 절대 들여다보지 말라면서 방 안에 들어갔다. 남자가 이상하게 여겨 몰래 방을 엿봤고, 깃털이 거의 다 뽑힌 학이 얼마 안 남은 깃털을 하나씩 뽑아 베를 짜고 있는 광경을 목격하게 된다. 이 모습을 들킨 학은 "보지 말라고 그렇게 말했는데 어째서 봤냐. 은혜를 갚기 위해 왔지만 들켰으니 더 이상 여기 있을 수 없다"면서 깃털이 뽑힌 채로 멀리 날아가버렸다. 사람들은 학이 짠 그 천을 '촉강蜀江의 면綿'이라고 불렀다.

(『일본 옛날이야기 명휘日本昔話名彙』, 일본방송협회 편, 야나기타 구니오 감수, 니혼호소슛판쿄카이, 1948)

이것은 민속학에서 이류담異類譚이라고 총칭되는 옛날이야기 중의 하나인데, 이 세상 사람이 아닌 이성이 주인공을 찾아와서 결혼한 후에 다시 떠나간다는 내용이다.

이 이야기에서 주인공은 저쪽 편으로 이동하지 않는다. 반면 이류(다른 종류의 존재)인 배우자가 '찾아왔다가 떠나'간다. 이류인 존재 측에서 보자면 인간계에 '갔다가 돌아오는' 이야기라고도 할 수 있다.

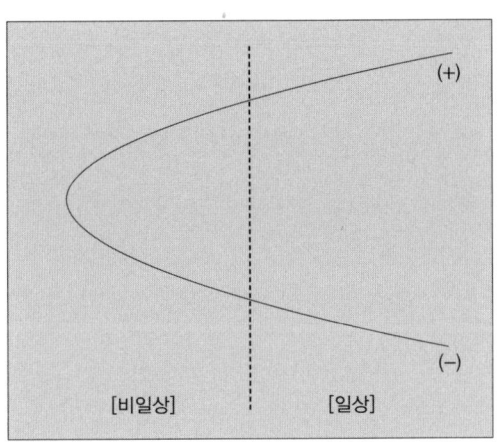

그림 5 주인공은 마이너스 상태에서 출발해서 플러스 상태인 '결여의 해소'로 향하기 위해 경계를 넘는다.

예를 들어 학원물 만화나 영화에 많은 '전학생' 이야기가 바로 이 패턴을 따른다고 할 수 있다. 학교 바깥에서 전학생이 찾아왔다가 또다시 바깥으로 떠나가는 이야기는 전학생 쪽에서 보면 갔다가 돌아오는 이야기가 되는 것이다. 오바야시 노부히코[5]의 영화 〈시간을 달리는 소녀〉[6]가 좋은 예이다. 켄 소고루는 미래에서 오노미치 시에 있는 학교에 '왔다가', '돌아간'다. 다른 세계에서 온 영웅도 이 패턴과 같다. 〈울트라 세븐〉[7]에서 모로보시 단과 안느의 이별이 상세하게 그려진 이유는, 단의 입장에서는 갔다가 돌아오는 이야기이기 때문이다.

이와 같이 이야기란 먼저 세계와 세계 사이에 하나의 선을 긋고 그 한쪽 편에서 다른 편으로 뛰어넘었다가 다시 돌아옴으로써 만들어진다고 말할 수 있다.

2장
이야기를 구성하는 최소 단위는 무엇인가

— 블라디미르 프로프, 『민담 형태론』

이야기는 단위의 조합으로 구성된다

이쯤에서 '이야기의 구조'라는 사고방식의 성립에 관해 간단히 살펴보자. 처음 이야기에 일정한 규칙성이 있다는 사고방식이 등장한 곳은 1920년대 러시아혁명 직후 러시아였다. 민속학자 블라디미르 프로프가 러시아에서 마법민담이라고 불리던 옛날이야기를 과학적으로 분류했는데, 이 옛날이야기가 동일한 구조를 가지고 있다는 것을 발견하면서부터 시작되었다. 여기까지는 비교적 잘 알려져 있는 부분이다.

그렇다면 프로프는 어째서 '이야기의 문법'을 발견하고자 했던 것일까. 그 시대적인 배경에 대해 좀 더 살펴보자.

1920년대의 혁명 직후 러시아에서는 프로프의 '이야기 문법'뿐만 아니라, 영화의 몽타주 기법, 일본의 다이쇼大正 아방가르드[1]에 큰 영향을 미친 러시아 구성주의도 함께 발흥했다. 프로프와 같이 민담을 포함한 '문학'의 형식적 측면을 치밀하게 추구하는 방법론을 포멀리즘[2](형식주의)이라고 하는데, 사실 몽타주 이론과 구성주의, 프로프의 연구는 연관이 깊다고 볼 수 있다.

프로프는 민담의 과학적 분류를 위해 우선 민담을 구성하는 최소 단위를 찾아내고, 그 최소 단위의 조합 패턴을 통해 다시 분류를 시도했다. 예를 들어 식물을 분류할 때에도 겉으로 보기에 비슷한 것을 같은 종류로 보는 것이 아니라 꽃잎이나 암술, 수술, 줄기, 잎 등 꽃의 최소 단위를 먼저 찾고, 이 단위들의 조합을 다시 분류하는 것과 비슷하다.

이처럼 대상물을 '최소 단위로 이루어진 구성물'로 이해하는 태도는 프로프뿐만 아니라 러시아 구성주의와 몽타주 이론의 공통된 사고방식이다. 즉, 레프 쿨레쇼프Lev Vladimirovich Kuleshov[3]나 세르게이 에이젠슈타인Sergei Eisenstein[4]의 몽타주 이론은 '컷'이라는 최소 단위로 영화를 분석하고, 그 조합을 통해 영화가 성립한다는 생각에서 비롯되었다. 단독으로는 의미가 성립되지 않는 컷을 조합하여 의미를 만들어낼 수 있다는 개념이 몽타주이다.

몽타주 이론의 핵심은 최소 단위를 여러 개 조합시킴으로써 새로운 의미를 생성한다는 점에 있다. 유명한 쿨레쇼프의 실험을 살펴보면 한 손을 턱에 괸 남자가 있는 컷 다음에 접시 위의 요리, 시체, 침대에 누워 있는 여인의 컷을 각각 배치하면, 접시 위의 요리 컷 다음에 나오는 남자의 표정은 공복감이 느껴지고 시체의 경우에는 살의, 침대 위의 여인의 경우에는 성적인 감정을 품고 있는 것처럼 '보인다'는 것이다. 이에 관해서는 에이젠슈테인의 다음 글에 단적으로 나타난다.

요점은 이렇다. 가장 단순한 구조를 가진 두 개의 상형문자의 연속(그보다는 조합이라고 하는 편이 좋을 것이다)은 두 개의 합이 아니라 그 제곱이 되며, 다른 차원, 다른 등급에 속하는 가치로 생각된다는 점이다. 하나하나를 따로 놓고 보면 각각 어떤 대상이나 사실에 상응하지만, 그것들을 조합하면 하나의 개념에 상응하게 된다. 서로 다른 상형문자를 조합해서 만들어내는 것이 표의문자다. '묘사체' 두 개를 조합함으로써, 회화에서는 묘사가 불가능한 것도 확실하게 묘사할 수 있다.

예를 들어 물[水]을 나타내는 그림과 눈[目] 그림을 연결해서 '눈물을 흘리는 것[泪]'을 의미하고, 귀[耳] 그림을 문[門] 그림과 조합해서 '듣는 것[聞]'을 나타낸다는 방식이다.

(『영화의 변증법』, 세르게이 에이젠슈타인 지음, 사사키 노리오 편역, 가도카와쇼텐, 1953)

물과 눈을 나타내는 상형문자의 조합을 통해 눈물이라는 본래의 문자에는 존재하지 않았던 새로운 '의미'가 발생하는데, 에이젠슈테인은 이것이 바로 몽타주라고 설명한다. 하지만 이 설명은 러시아 구성주의 미술에 더욱 어울리는 느낌이다. 구성주의는 기하학적인 도형을 최소 단위로 하여 그것들의 '구성'을 통해 대상물을 표현하는 것에서 시작하기 때문이다.

결국 프로프의 이야기론 역시 이야기를 최소 단위의 요소들로 이루어진 구성물로 이해하는 것이라 할 수 있다.

캐릭터에는 역할이 있다

프로프는 그가 발견한 옛날이야기의 최소 단위를 '기능'이라고 불렀다. 그리고 기능의 배열 방식을 '구조'라고 했는데, 모든 마법민담은 구조상 동일한 유형이라고 결론지었다.

프로프가 말하는 기능이란 '등장인물의 행위'에 의해 정의된다. 다음은 프로프가 제시한 예이다.

1. 왕이, 용감한 사람에게, 독수리를, 준다. 독수리는, 용감한 사람을, 다른 나라로 인도한다.
2. 노인이, 수첸코에게, 말을, 준다. 말은, 수첸코를, 다른 나라로 인도한다.
3. 마법사가, 이반에게, 작은 배를, 준다. 작은 배는, 이반을, 다른 나라로 인도한다.
4. 공주가, 이반에게, 반지를, 준다. 반지에서 나온 젊은이들이, 이반을, 다른 나라로 인도한다.

(『민담 형태론』, 블라디미르 프로프 지음)

1~4는 각각 캐릭터와 스토리가 다른 마법민담의 일부분이다. 참고로 3과 4에 이반이라는 인물이 나오는데, 이것은 일본 옛날이야기의 주인공인 모모타로와 우라시마 타로 등 '타로'라는 이름이 많은 것과 마찬가지로 이 두 이반은 서로 다른 인물이다.

이 네 가지 옛날이야기는 조금씩 달라 보이지만 왕과 노인, 마법사와 공주가 취하는 행동은 동일하다. 즉, 용감한 사람, 수첸코, 두 명의 이반에게 독수리와 말, 작은 배, 반지를 주는 것이다. 그리고 이 '주어진 것'은 그들을 '다른 나라로 데리고 간다'.

프로프는 이 부분이 두 가지 기능으로 이루어져 있다고 보았다.
1. 증여자가 주인공에게 도구를 제공한다.
2. 주인공은 도구를 이용해서 목적지로 이동한다.

'증여자'라는 용어는 왕, 노인, 주술사, 공주라는 각 캐릭터의 행위에만 주목하여 캐릭터가 이야기 진행상 맡은 역할인 '기능'이라는 관점에서 정의한 것이다. 마찬가지로 수첸코 등도 정의에 의해 '주인공'으로 분류된다. 한편 독수리, 말, 작은 배, 반지는 주인공의 이동 수단으로서 주인공은 이를 통해 목적지로 이동한다. 목적지는 대부분 '다른 나라'인데, 그곳은 공주가 끌려간 장소이거나 도둑맞은 무엇인가가 있는 장소로 여러 가지 사정이 배경이 된다. 이동 수단이 인물인 경우에는 '조력자', 아이템인 경우에는 '마법 도구'라고 부른다.

이처럼 프로프는 캐릭터의 이름이나 외모과 관계없이 이야기 진행에서 담당하는 역할을 '기능'이라 부르며 그것을 이야기 구성의 최소 단위라고 생각했다. 또 이와 같은 31가지 기능이 일정한 규칙성을 띠고 연결되어 있는 것이 마법민담이라고 정의내렸다.

마법민담의 여덟 가지 캐릭터

프로프의 31가지 기능을 이해하기 위해서는 우선 등장인물을 분류하는 것이 필요하다. 앞서 설명했듯이 등장인물은 이름이나 외견과 같은 고유성을 벗어나 이야기에서 맡고 있는 역할에만 주목하여 정의 및 분류했다고 보면 된다. 마법민담의 캐릭터를 분류해보면 다음과 같다.

1. 주인공
2. 가짜 주인공
3. 적
4. 증여자
5. 조력자
6. 공주와 왕
7. 파견자
8. 추적자

1번 주인공은 말 그대로 주인공이다. 이 기능에는 '갔다가 돌아오는' 것도 포함된다.

2번 가짜 주인공은 러시아 마법민담의 특징적인 캐릭터로서 주인공이 고생해서 적을 물리치고 공주를 구출할 때, 주인공보다 먼저 본국에 '돌아와서' 공적을 가로채는 캐릭터로 자주 등장한다.

3번 적은 따로 설명이 필요 없을 듯하다.

증여자와 조력자는 구별하기가 조금 어려운데, 영화 〈스타 워즈〉를 예로 들면 알기 쉬울 것 같다. 이를테면, 오비완과 요다는 증여자이고 한 솔로나 추바카는 조력자이다. 내용을 떠올려보자면 오비완은 광선검을, 요다는 포스force를 쓰는 방법을 루크 스카이워커에게 '증여'한다. '한 솔로도 밀레니엄 팰컨 호에 루크를 태워주지 않나?'라고 의문을 가질 수도 있다. 하지만 우주선을 '증여'해준 것은 아니다. 쉽게 말해서 주인공을 태우는 물건을 주는 것은 증여자이고, 직접 태워주는 것이 조력자이다. 조력자는 말이나 독수리 같은 동물일 수도 있고 마법의 배와 같은 아이템일 수도 있다. 한 솔로는 루크를 데려갔으니 조력자라고 할 수 있다.

다른 등장인물이 증여자나 적처럼 추상적인데 반해 6번 공주와 왕은 꽤 구체적이다. 프로프는 공주와 왕의 행위를 구별하는 것이 어렵다고 말한다. 공주는 '행방불명'이 되거나 가짜 주인공의 정체를 밝혀내고 처벌한다. 한편 공주가 행방불명되었다는 상황은 왕에게는 피해이기도 하고, 공주가 누군가를 처벌할 수 있는 것은 왕의 권력이 배경에 있기 때문이라고도 할 수 있다.

공주는 캐릭터라기보다 왕의 소유물에 가까우며, 적이나 가짜 주인공, 또는 최종적으로 공주와 결혼하는 주인공 사이에서 주고 받는 '아이템'에 가까운 존재로 그려진다는 이야기이다.

나는 오히려 공주를 '대상자'로 독립시켜 정의하고, 왕은 '파견자'에 포함시킨 후에 기존의 파견자를 '의뢰자'로 변경하는 것이 더 좋다고 생각한다. 왜냐하면 공주는 '적'이 노리는 대상인 동시에 '주인공'이 찾는 대상이기도 하기 때문이다.

또한 7번의 파견자는 주인공에게 공주를 찾으라는 미션을 주고 여행을 떠나게 만드는 존재이다. 주인공은 누군가의 '의뢰'를 받아 행동을 개시하는 경우가 많으며, 이 의뢰자는 주인공에게 대가를 주는 존재이기도 한다.

8번의 추적자는 적 혹은 가짜 주인공과 동일한 인물일 때도 있으며, 이야기 후반에서 주인공을 쫓는 역할을 맡는다. 일단은 독립된 분류로 만들어둬도 좋을 듯하다.

31가지 기능을 설명하다

그럼 등장인물들을 염두에 두고 31가지 기능을 확인해보자. 아래의 〈표 1〉은 31가지 기능을 정리해놓은 것이다.

1〈부재〉—2〈금지〉—3〈위반〉—4〈정보 요구〉—5〈정보 입수〉—6〈책략〉—7〈방조〉—8〈가해 혹은 결여〉—9〈파견〉—10〈임무 수락〉—11〈출발〉—12〈선행 행동〉—13〈반응〉—14〈획득〉—15〈공간 이동〉—16〈투쟁〉—17〈표식〉—18〈승리〉—19〈가해 혹은 결여의 회복〉—20〈귀로〉—21〈추적〉—22〈탈출〉—23〈은밀한 귀환〉—24〈거짓 주장〉—25〈난제〉—26〈해결〉—27〈인지〉—28〈폭로〉—29〈변신〉—30〈처벌〉—31〈결혼 혹은 즉위〉

표 1 블라디미르 프로프의 『민담 형태론』 등을 참조하여 작성한 오쓰카 에이지 수업 참고용 자료

여기에서 주의할 것은 31가지 기능 중 1~8번 기능은 원칙적으로 주인공과 적 사이에 성립하는 것이지만, 대상자와 적으로 봐도 같은 기능이 성립한다는 점이다.

1~8번 항목은 양친이 지시를 남겨놓은 채 사라지고('부재', '금지'),

하지만 그것을 깨뜨리게 되어('위반') 적이 찾아와서 이것저것 비밀을 탐색하려다가('탐색') 실수로 말을 꺼내게 되어 적이 알게 되면서('누설'), 결과적으로 적을 돕게 되고('방조'), 그로 인해 소중한 사람이나 물건을 잃게 된다는 마법민담의 시작 부분이다.

이 전개에 대해서는 주인공의 행위에 대한 결과로 소중한 사람(즉, 대상자)이나 아이템을 잃게 되거나, 다른 한편으로는 공주와 같은 대상자 본인이 실수로 금기를 깨뜨려 납치된다는 두 가지 경우를 상정할 수 있다.

1. 부재(주인공 혹은 대상자의 가족 중 한 명이 집을 떠나게 된다)

주인공의 행동 또는 마법민담이 시작된다. 즉, 주인공 또는 희생자가 외톨이가 된다. 외톨이가 되는 경우 단순히 집을 떠나는 것뿐만 아니라 '양친의 죽음'이 동반되는 경우도 있다.

2. 금지(주인공 또는 대상자에게 '금지'가 부여된다)

예를 들어 "이 방을 엿보면 안 된다", "밖에 나가면 안 된다"는 식의 금지 사항이 부여된다.

3. 위반(주인공 혹은 대상자가 금지를 위반한다)

하지만 금기는 깨지는 법이다. 주인공 또는 대상자가 금기를 깬 결과 적이 등장하는 것이다. 금기를 깬 주인공 앞에 나쁜 마법사와 같은 '적'이 나타나는 것이 정석이다.

4. 정보 요구(적이 주인공에게 정보를 요구한다)

적은 주인공, 희생자, 혹은 다른 캐릭터에게서 비밀을 캐내려고 한다. 이를테면 공주나 왕자가 있는 장소, 마법 아이템의 위치 등의 정보를 알고자 한다.

5. 정보 입수(적이 정보를 입수한다)

적이 원하는 정보를 얻는다. 주인공이나 대상자가 실수로 이야기해버리는 경우도 있고, 제삼자가 흘리는 경우도 있다.

6. 책략(적이 주인공 혹은 대상자를 상대로 책략을 꾸민다)

정보를 얻은 적은 찾고 있던 인물, 즉 대상자 혹은 아이템을 얻기 위해 대상자나 아이템의 소유자를 속이려고 한다.

7. 방조(주인공 혹은 대상자가 결과적으로 적을 방조한다)

주인공 혹은 대상자는 무심코 그 책략에 빠진다. 바라지 않으면서도 적을 방조하게 되는 것이다.

8. 가해 혹은 결여(적이 주인공 혹은 대상자에게 가해, 결여를 발생시킨다)

그 결과 적이 희생자를 만들거나 소중한 아이템을 빼앗는다. 작물이 열매를 맺지 못하거나 햇빛이 사라지는 식의 구체적인 피해가 발생하는 경우도 있고, 전쟁을 일으키는 경우도 있다. 어떤 형태로든 금기를 깬 것에 대한 응보가 주인공과 그 주변에 크고 구체적인 파급을 미치게 된다.

결여를 회복하는 구조
프로프는 1~8번 중 8번 기능을 가장 중시한다.

> 이 기능은 특히 중요하다. 왜냐하면 엄밀히 말해 이 기능을 통해 비로소 옛날이야기가 움직이기 때문이다. 부재도 금지도 그에 대한 위반도 정보의 요구도 정보 누설도 모략도 방조도, 이 가해 기능의 사전 준비일 뿐이며 이 기능이 성립할 수 있도록, 혹은 단순히 이 기능의 성립을 용이하게 하기 위한 것일 뿐이다. 그러므로 가해 이전 초반부의 기능들은 옛날이야기의 예비 부분이라고 볼 수도 있다. 옛날이야기의 진정한 발단은 가해 행위를 통해 펼쳐지는 것이다.
>
> (『민담 형태론』)

프로프는 이 기능을 '가해와 결여'라는 뉘앙스가 약간 다른 두 가지 키워드로 표현했지만, 좀 더 구체적으로 말하면 '가족의 구성원 중 한 명에게 무언가가 결여되어 있다. 그 사람은 무언가를 손에 넣고 싶어 한다'는, 결여에 좀 더 중심을 둔 정의도 준비해놓았다. 그 이유는 가해의 결과로 결여가 발생하는 게 아니라 처음부터 무언가가 없는 상태에서 이야기가 시작되는 경우도 있기 때문이다.

즉, 주인공이 신부를 원하든가, 가난해서 돈을 갖고 싶어 한다든가 하는 상태는 결여에 해당하지만, 그 때문에 1~7이 반드시 필요한 것은 아니다. 따라서 이 1~7은 때로는 생략되어 있어도 상관없다. 러시아의 마법민담에는 1~7까지의 예비 부분도 중요하지만, 이야기를 시작하는 데는 그냥 결여 상태로만 있어도 된다.

프로프의 31가지 기능을 북아메리카 인디언 민담과 비교 검토한 미국의 민속학자 앨런 던데스Alan Dundes는 결여와 회복이 쌍으로 되어 있는 형태가 가장 단순한 이야기 구조라고 생각했다. 즉, 아래와 같은 민담이다.

콜럼비아 강 주변에 사는 종족에게는 눈과 입이 없었다. 그들의 식사는 철갑상어의 냄새를 맡는 것이었다. 코요테가 그들의 눈과 입을 열어줬다.

(『민담의 구조 — 아메리카 인디언 민담의 형태론』, 앨런 던데스 지음,
이케가미 요시히코 옮김, 다이슈칸쇼텐, 1980)

옛날에 눈과 입이 없는 종족이 있었는데, 코요테가 눈과 입 구멍을 열어줬다고 하는 단순한 내용의 문장일 뿐이지만 여기에도 결여와 회복이 포함되어 있는 이상 이것도 '이야기'라는 것이 던데스의 생각이다.

이 결여와 회복이라는 기능을 이해하기 위해서 쉘 실버스타인Shel Silverstein의 『어디로 갔을까 나의 한쪽은The Missing Piece』을 살펴보는 것이 좋겠다. 옛날 컴퓨터 게임의 팩맨Pac-Man과 닮은 캐릭터가 결여된 조각을 찾아 떠난다는 이야기로 오직 이 내용으로만 이루어진 그림책이다(〈그림 6〉).

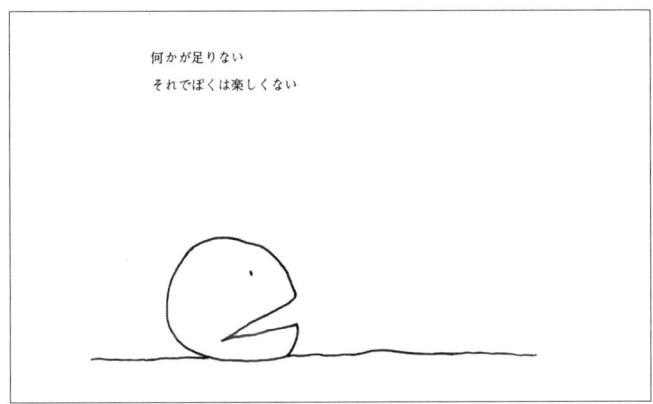

그림 6 『어디로 갔을까 나의 한쪽은』(쉘 실버스타인 지음, 구라하시 유미코 번역, 고단샤, 1977)의 한 장면

이 결여와 회복은 갔다가 돌아오는 것과 함께 '이야기'의 가장 기본이 되는 문법이다. 마치 주어와 서술어로만 문장이 완성되는 것과도 같다.

주인공의 출발과 싸움
1~7번 기능(예비 부분)의 유무와 관계없이 '가해 및 결여'만 있어도 이야기는 본격적으로 시작된다고 설명했다.

9. 파견(의뢰자가 주인공을 파견한다)

주인공은 의뢰자로부터 결여된 무언가를 찾으러 출발하라는 요청을 받는다. 공주(대상자)가 행방불명됐을 경우에는 보통 왕이 의뢰자가 되지만 주인공이 계모 등에 의해 집에서 쫓겨남과 동시에 이야기가 시작되는 사례도 있다. 그림동화에서는 이러한 발단이 더 많은 듯한데, 이런 경우 계모도 주인공을 미션으로 이끄는 파견의 기능을 가진 의뢰자라고 할 수 있다.

10. 임무 수락(주인공이 의뢰자가 의뢰한 임무를 수락한다)

주인공은 의뢰자의 의뢰를 받아들인다. 하지만 계모한테 추방당하는 경우와도 같이 어쩔 수 없이 혹은 싫으면서도 받아들이는 경우도 있다.

프로프가 정의하는 기능을 이해하는 데에 있어서 주의해야 할 점은, 기분 좋게 의뢰를 받아 출발하든지 어쩔 수 없이 출발하든지, 주인공의 기분과 기능은 아무 관계도 없다는 것이다.

11. 출발(주인공이 출발한다)

주인공이 집을 떠난다. '갔다가 돌아오는' 이야기의 '가는' 부분이 여기에 해당한다. 이렇게 출발한 주인공을 기다리고 있는 것이 증여자이다.

12. 선행 행동(주인공에게 증여하기에 앞서 증여자가 어떤 행동을 한다)

프로프는 이것을 '증여자의 첫 번째 기능'이라는, 조금은 의미를 파악하기 힘든 이름으로 불렀다. 증여자 캐릭터가 증여에 앞서 주인공한테 어떤 식으로든 행동을 하는 상황을 말하는데 이 단계에서 주인공은 증여자로 인해 시련을 겪거나 내쫓기기도 하고, 때로는 도전을 받기도 한다. 여기에서는 좀 더 알기 쉽게 '선행先行 행동'이라고 하겠다.

이미 설명한 바와 같이 증여자는 주인공이 모험에서 성공하기 위해 필요한 능력이나 아이템(러시아 마법민담에서 마법 도구는 대부분 이동 수단이다)을 증여해준다. 프로프는 이 마법 도구를 증여해주기 전에 첫 번째 기능이 있다고 생각했다. 바로 주인공이 마법 도구, 경우에 따라서는 조력자를 손에 넣을 준비 과정으로서의 시련이 필요한 것이다.

컴퓨터 게임에서 아이템을 입수하기 위해서는 반드시 배틀이 필요하다거나, 〈스타 워즈〉에서 요다가 포스를 바로 전수해주는 것이 아니라 그 전에 한바탕 사건이 있는 이유와도 같은 것이다. 즉 주인공이 아이템을 받을 권리가 있는지, 바꿔 말하면 주인공이 주인공다운 자격을 갖췄는지를 체크하는 것이 증여자의 첫 번째 기능의 의미라고 할 수 있다.

13. 반응(주인공이 반응한다)

주인공은 증여자가 내놓은 시련이나 어떤 행동에 대해 반응을 하게 된다. 게임에서 배틀을 하거나 작은 미션을 완수하는 과정이 이에 해당한다.

14. 획득(주인공이 마법 도구를 획득한다)

시련이나 임무를 완수한 주인공에게 증여자가 마법 도구를 증여한다. 임무를 수행한 결과 직접 넘겨받는 경우도 있지만 숨겨져 있는 장소를 알려주거나, 판매하거나, 교환하거나, 경우에 따라서는 약탈하기도 하는 등, '증여자'라고 해서 반드시 상대방이 선의를 가진 사람이라는 법은 없다. 예를 들어 프로프는 마법민담 중의 하나인 아래와 같은 과정에 주의하라고 말한다.

> 노인은, 코사크에게, 자동으로 베어지는 칼을, 너의 마법 술통과 교환하지 않겠느냐고 청한다. 코사크는 교환하고, 즉시 칼을 써서 노인의 목을 베어, 술통도 되찾는다.
>
> (『민담 형태론』)

주인공은 교환을 통해 얻은 아이템을 즉시 증여자에게 사용하여, 자신이 교환의 대가로 넘긴 아이템까지도 다시 빼앗는 비겁한 행동을 한다는 것이다. 하지만 다시 한 번 강조하지만 '기능'이란 어디까지나 등장인물의 행동일 뿐 마음과는 무관하기 때문에 주인공이나 증여자가 선의를 가진 사람이든 악의를 가진 사람이든 상관이 없다.

14번 기능에서 주의할 점은 '여러 인물이 주인공을 돕겠다고 나서는' 전개이다. 프로프는 이에 대해 증여자가 자신을 조력자로 증여하는 것이라고 정의한다. 하나의 캐릭터가 여러 가지로 정의되더라도 특별히 문제는 없다. 또한 이러한 전개는 오히려 게임풍의 판타지 만화에서 자주 볼 수 있는 '기능'이다. 여행에 나선 주인공 앞에 잘생긴 캐릭터가 등장하여 처음에는 주인공과 대립하지만 결국 무리에 들어오게 된다는 패턴이 이에 해당한다.

15. 공간 이동(주인공이 마법 도구 내지는 마법의 힘의 도움으로 공간 이동한다)
주인공은 마법 도구나 조력자의 도움을 받아 적이 있는 장소로 이동한다. 바로 이 부분이 러시아 마법민담뿐 아니라 민담이나 옛날이야기에서 볼 수 있는 단순한 지점이라 할 수 있다. 주인공들이 찾는 대상이 있는 장소로 단숨에 이동하는 것이다. 하지만 컴퓨터 게임이나 현대적인 판타지물이 이런 구성이면 재미가 없기 때문에 필요에 따라 12번→13번→14번 기능을 반복한다. 컴퓨터 게임에서는 아예 무제한적으로 반복되는 경우도 있다.

16. 투쟁 (주인공과 적이 싸운다)

주인공과 적이 대치하며 반복해서 싸운다. 31가지 기능 중에서 절반쯤 왔으니 클라이맥스라고 생각할 수도 있지만, 러시아 마법민담에서 적과의 투쟁이 중요한 이유는 다음에 이어지는 기능 때문이다.

17. 표식 (주인공이 적 또는 대상자에게 표식을 받는다)

주인공에게 표식이 붙는다. 주인공이 신체에 상처를 입는 것이 기본인데, 러시아 마법민담은 주인공이 대부분 행방불명된 공주(대상자)를 구하러 가는 전개이므로 적과 싸우는 시점에서 이미 주인공은 공주와 만난 상태이다. 적이 주인공에게 표식을 붙이는 경우(즉, 상처를 입히는 형태)도 있지만 대부분 공주가 표식을 붙인다. 정신을 잃은 주인공의 뺨에 나이프로 작은 상처를 입혀 깨운다든지, 이마에 보석으로 표식을 붙인다든지, 아니면 적이 입힌 상처를 손수건으로 매준다는 식이다. 주인공에게 어떤 형태로든 표식이 붙게 되는 이 기능은 러시아 마법민담에서 후반 전개와 상당히 중요한 관계가 있다.

18. 승리 (주인공이 적에게 승리한다)

이 기능은 매우 단순하다. 마법민담에서의 투쟁은 검을 쓰는 무술뿐만 아니라 카드로 싸우는 경우도 많다. 카드와 투쟁의 일체화는 요즘의 〈유희왕〉이나 '헤이세이 가면 라이더'[5] 시리즈 등에서 일반적으로 보게 되는 전개인데, 그 기원은 생각보다 매우 오래되었다.

19. 가해 혹은 결여의 회복 (주인공이 가해 혹은 결여의 상태에서 회복된다)

8번 '가해 혹은 결여'와 쌍을 이루는 기능이다. 납치된 공주를 다시 되찾고, 행방불명된 아이템도 발견한다. 죽은 사람이 다시 살아나거나, 인간의 모습을 잃었던 대상자가 마법이 풀려 원래대로 돌아가는 등 다양한 형태로 잃었던 사람이나 물건을 회복한다.

20. 귀로 (주인공이 출발했던 장소로 돌아가기 위해 귀로에 오른다)

사실 여기서 이야기가 끝나도 문제는 없다. 11번 '출발'과 20번 '귀로'를 통해 '갔다가 돌아오는' 구조가 완결되었을 뿐만 아니라, 8번 '가해 혹은 결여'와 19번 '가해 혹은 결여의 회복'이라는 기능도 결론이 났기 때문이다. 이처럼 이야기를 이야기답게 만드는 기본적인 '엔진'은 둘 다 동작을 완료한 것이다.

주인공의 귀환

하지만 러시아 마법민담은 여기에서 끝나지 않는다. 다시 한번 파란이 일어난다.

21. 추적 (추적자가 귀로에 오른 주인공을 추적한다)

추적자는 적이거나 적의 동료이기도 하고, 그와는 아예 무관하게 귀로에서 출현한 새로운 적이거나 나중에 설명할 '가짜 주인공'인 경우도 있다.

22. 탈출 (주인공이 추적자로부터 도망친다)

주인공이 이미 마법의 아이템을 가지고 있고, 그것을 써서 탈출하는 경우가 있다. 그 외에도 인간이 아닌 다른 생물로 모습을 바꾸거나, 누군가가 숨겨주거나, 변장 등을 통해 추적자로부터 도망친다.

23. 은밀한 귀환 (주인공이 몰래 귀환한다)

주인공은 22번 기능에서 추적당하는 몸이 되었기 때문에, 모처럼 모험을 끝냈음에도 불구하고 남몰래 귀환한다. 마법민담에서 주인공은 자신을 숨겨준 집의 일원이 되어 정체를 감추는 경우도 많다.

24. 거짓 주장 (가짜 주인공이 거짓 주장을 한다)

이 부분에서 가짜 주인공이 등장한다. 가짜 주인공은 주인공의 형제인 경우가 많다. 러시아 마법민담에서는 주인공이 신분이 낮은 젊은이일 경우 가짜 주인공은 장군으로 등장하기도 한다. 그들은 주인공이 행한 모험, 즉 공주를 되찾는 등 '가해 혹은 결여의 회복'에 관련된 일련의 영웅적 행위를 자기가 했다고 주장한다. 또 많은 경우 공주와 결혼할 권리는 자신에게 있다고 부당한 요구를 한다.

25. 난제 (의뢰자가 주인공에게 난제를 부과한다)

당연하지만 주인공은 공주를 구출한 것이 자신임을 밝히며, 의뢰자인 왕 앞에 나선다. 여기서 의뢰자인 왕은 가짜 주인공과 주인공 중에서 어느 쪽이 진짜로 미션을 수행했는지를 판단하기 위해 약간의 시련을 준다. 많은 마차에 실린 빵을 전부 먹는다든지, 대량의 맥주를 마시는 등 푸드 파이팅 계열의 시련도 있지만 열탕에 들어가거나 수수께끼를 푸는 등 그 종류는 TV 버라이어티 프로그램만큼이나 다양하다.

26. 해결 (주인공이 난제를 해결한다)

결국 주인공은 난제를 해결한다. 예를 들어 미야자키 하야오의 애니메이션 〈센과 치히로의 행방불명〉에서 마지막에 치히로가 수많은 돼지들 중에서 아버지와 어머니를 찾으라는 말을 듣고 금방 알아채는 장면은 26, 27번 기능에 해당한다고 볼 수 있다.

27. 인지 (의뢰자 혹은 대상자가 주인공을 인지한다)

주인공은 조금은 부당하게 보이는 난제를 해결한다. 그것만으로도 충분히 주인공이 주인공이라는 것을 증명했다고도 볼 수 있지만, 한 가지 기능이 더 필요하다. 바로 17번 '표식' 기능이 드디어 복선으로서의 의미를 갖게 되는 것이다. 공주나 왕은 주인공의 몸에 있는 상처 등의 표식을 통해 주인공이 바로 그 사람이라는 것을 알게 된다. 이와 같이 마법민담의 후반부에서는 주인공이 주인공이라는 사실을 증명하는 데 많은 공을 들인다.

28. 폭로 (가짜 주인공의 정체가 폭로된다)

드디어 사람들이 가짜 주인공의 정체를 알게 된다. 가짜 주인공이 주인공 모습을 하고 있었다면 원래 자신의 모습으로 돌아간다.

29. 변신 (주인공이 변신한다)

주인공이 아름다운 젊은이의 모습으로 변하거나, 새로운 의복을 입는 식의 전개가 여기에 해당한다. 23번 기능에서 주인공이 정체를 감추기 위해 초라한 모습으로 변장한 것은 이 변신이라는 기능에 대응한다.

30. 처벌 (의뢰자가 가짜 주인공을 처벌한다)

마법민담뿐 아니라 옛날이야기나 민담에는 상당히 잔혹한 형벌이 등장하는 경우가 많은데, 이것이 바로 악이 심판되었다는 것을 나타내는 것이다.

31. 결혼 혹은 즉위 (주인공이 대상자와 결혼하거나 즉위한다)

주인공이 공주와 결혼하는 것은 왕위 계승을 의미한다. 물론 모든 마법민담에서 주인공에게 공주를 구출하라는 임무가 주어지는 것은 아니므로, 납치된 대상이 일반 가정의 딸이라면 그냥 결혼만 한다. 부인이 납치된 케이스였다면 무사히 부인을 되찾고 행복한 결혼 생활을 하게 된다.

러시아 마법민담의 네 가지 명제

지금까지 31가지 기능을 살펴보았다. 프로프는 러시아 마법민담이 이러한 31가지 기능의 연속으로 만들어졌다고 생각했다. 여기서 다시 한번 프로프의 생각을 정리해보자. 프로프는 자신의 고찰을 다음 네 가지로 정리했다.

> 1. 옛날이야기에서 늘 변하지 않는 요소는 등장인물들의 기능이다. 그 경우 이런 기능이 어떤 인물에 의해서, 또 어떤 방식으로 실현되는지는 관련이 없다. 기능은 옛날이야기의 기본적인 구성 요소이다.
> 2. 마법민담에서 확인되는 기능의 수는 한정적이다.
> 3. 기능이 발생하는 순서는 항상 동일하다.
> 4. 모든 마법민담은 구조적으로 동일한 유형에 속한다.
>
> (『민담 형태론』)

프로프의 네 가지 명제 중에서 특히 주의할 점은 마법민담이 구조적으로 단일 유형이라고 해도 31가지 기능이 빠짐없이 갖춰져 있다는 의미는 아니라는 것이다. 경우에 따라 몇 가지가 빠져 있더라도 상관없다.

예를 들어 후반부의 가짜 주인공에 관련된 기능이 전부 빠져 있는 마법민담도 존재한다. 1~7번 예비 부분이 빠져 있는 경우도 있다. 또한 특정 부분이 반복되기도 하는데, 이를테면 12, 13, 14번의 증여자로부터 아이템을 입수하는 내용이 반복되는 경우도 있다.

다만 출발도 안 했는데 돌아올 수는 없듯이 이런 기능이 발생하는 순서가 연속해서 변경되는 일은 없다. 마법민담은 이 기능들이 부분적으로 생략되거나 반복되면서 동일 구조를 지닌 몇 가지 유사한 유형으로 분류된다.

지금까지 살펴본 31가지 기능이 어떤 것인지 대략적으로나마 이해했다면 그것으로도 충분하다. 프로프의 『민담 형태론』은 러시아 민담의 구조 분석이 목적이지만, 이 책은 구조를 통해 이야기를 만드는 것이 목적이다. 그러니 이 31가지 기능을 적당히 생략하거나 반복하면서 추상화된 기능에 살을 붙이고 구체적인 캐릭터와 세계관 속에서 이야기를 만들 수 있을 정도로 이해해두면 된다.

다음 글은 한 학생이 1~7번 기능을 삭제하고 남은 8~31번 기능만으로 만든 영화용 플롯이다.

『비공 — 북두의 권』

보잘것없는 중년 마사지사. 부인과 아이들도 바보 취급을 한다.[→가해 혹은 결여] 어느 날 마사지를 하는 중에 단골 손님이 피를 토한다. 구급차로 병원에 옮겼으나 손님이 그대로 죽어버린다. 검시 결과는 '식도 정맥류 파열'이었지만 주인공은 큰 충격을 받아 일이 손에 잡히지 않는다. 주위에서도 그를 비난한다.[→파견] 주인공은 사고(병사)를 잊으려고 노력하지만 좀처럼 잊혀지지 않는다. 어느 날 대합실에 있는 옛날 만화 중 『북두의 권』을 꺼내 무심코 몇 페이지 넘기다가, 자신이 마사지를 하던 중에 단골 손님의 '비공'[6]을 잘못 찌른 것이 사망의 원인이라고 생각하게 된다.[→ 임무 수락] 그날부터 주인공은 비공에 관해 연구를 시작한다.[→ 출발] 주인공은 가까운 PC방에 다니면서 『북두의 권』단행본과 인터넷 자료를 검색하고 직접 만든 인형에 비공의 위치를 표시해둔다. 지금까지 자신을 바보 취급하던 동네 건방진 고등학생이나 부인의 비공을 몰래 찌르며 살해를 시도하지만 아무런 일도 일어나지 않는다.[→ 선행 행동] 주인공은 결국 자신의 기분 탓이라고 생각하고 마사지 일을 재개한다. 하지만 그 후에도 마사지를 받던 손님이 갑자기 건강해지거나 갑자기 입원하기도 하고, 우연히 머리를 쓰다듬은 고양이가 다음날 죽어버리는 등의 사건이 이어진다. 주인공은 비공의 존재를 재인식하고 인터넷과 만화·애니메이션 판『북두의 권』을 참고하여 훈련을 다시 시작한다.[→ 반응] 주인공은 훈련을 거듭하면서 자신감이 넘치게 되고 그때까지 차갑게 대하던 주위 사람들도 서서히 그를 다시 보게 되어 동네 골목대장 격의 지위에 오른다.[→ 획득] 그렇게 되자 주인공은 '거대한 악과의 싸움'을 생각한다. 주간지에서 "뇌물을 받은 악덕 정치가!"로 지적당한 정치가의 강연회에 찾아가기도 하고 "더러운 돈을 받은 하얀 거탑!"이라는 기사가 실렸던 대학병원에 숨어들기도 한다. (판단의 근거는 전부 주간지!) [→ 공간 이동] 그리고 비공을 찌르기 위해 달려든다. 공격은 성공하고,[→ 투쟁] [→ 승리] 자신이 행한 정의에 취하는 주인공.[→ 가해 혹은 결여의 회복] 하지만 경비원에게 붙잡혀 경찰에 체포된다. 형사의 취조와 정신과 의사의 감정을 받고 치료가 필요하다는 판단하에 정신병원에 입원하게 된다.[→ 추적] [→ 탈출] 보호실에 격리되어 항정신병약을 투여받은 주인공. 자신의 생각이 망상이었다고 판단하게 된다.[→ 은밀한 귀환] 그로 인해 보호실에서 나오게 된 주인공은 자신이 비공을 찌른 정치가가 대동맥류 파열로 그 후에 죽었다는 사실을 TV에서 보게 된다. 그러면서 북두신권이 진짜 있는 것인지 아닌지 고민하게 된다.[→ 난제] 병실에서 몰래 훈련을 재개하는 주인공.[→ 해결] 그리고 투약받은 항정신병약을 복용하지 않으면서 자신을 되찾게 된다.[→ 인지] 정신과 의사와의 면담이 있던 날, 담당 의사가 바보 취급하는 듯한 한마디를 내뱉자 화가 나 덮치는 주인공.[→ 변신] 비공을 찌르자 정신과 의사는 피를 토하며 쓰러진다.[→ 처벌] 쓰러진 정신과 의사를 내려다보며 주인공은 "너는 이미 죽어 있다"고 중얼거린다. 두 사람 주위에 간호사와 다른 의사들, 환자들이 몰려든다.[→ 결혼 혹은 즉위]

17번 기능이 빠져 있지만, 몇 가지 자잘한 부분만 수정하면 플롯으로서는 충분한 내용이다. 17번 '표식' 기능은 예를 들어 "대학병원에 침입했을 때 우연히 친해진 입원한 소녀가 주인공의 새끼손가락에 장난 삼아 매니큐어를 바른다"는 식의 에피소드를 준비해두고, 항정신병약의 작용으로 자아를 잃고 있던 주인공이 이 매니큐어를 보고 기억을 되찾는 계기가 된다는 아이디어를 생각해볼 수 있을 것이다. 또한 서두에서 '가해 혹은 결여'를 가족이나 부인과의 관계가 좋지 않은 상태로 설정한다면, 결말에서 주인공이 광기에 빠진 상태를 즉위로 보는 것보다 가족과 화해하는 모습을 그리거나 아니면 주인공 주위에 몰려드는 사람들 사이에 가족을 배치할 필요가 있지 않나 싶다.

이 이야기를 만든 학생은 영화용 각본으로 수정하면서 비공의 존재를 주인공이 알게 되는 것이 만화를 읽어서가 아니라 주인공이 통원하게 된 정신과 의사가 무심코 뱉은 말 때문이라는 에피소드를 통해 증여자 캐릭터를 배치했다. 그리고 주인공을 둘러싼 가족 관계의 회복으로 주제를 좁혀 주인공이 싸우는 상대도 거대한 악이 아니라 딸에게 집적대는 남자친구나 부인의 불륜 상대로 변경시켰다. 결말은 주인공이 광기에 빠지는 게 아니라 가족의 신뢰를 되찾는다는 내용으로 수정되었다.

주인공이 자신의 망상 세계 속에서 왕이 된 것으로 착각한다는 결말은 내가 좋아하는 영화감독 베르너 헤어조크Werner Herzog의 〈아귀레 신의 분노〉에도 나오는 전개이다. 결혼 또는 즉위라는 기능에 대해 어떤 식으로 살을 붙여서 이야기를 마무리할 것인지는 각본을 쓰는 사람의 선택에 맡겨진다. 구조에 맞추어 창작하는 것에 대해, 자신의 고유성이 제한되어 작가로서의 개성이 사라진다고 느끼는 사람도 있을지 모르겠지만, 이처럼 살을 붙이는 행위나 기능 선택 속에서 작가성이 보다 명확하고 구체적으로 발현되기도 한다.

그리고 이 작례가 흥미로운 이유는 스토리가 〈표 2〉에서 설명한 것처럼 주인공이 납치된 공주를 되찾으러 간다는 마법민담적인 이야기는 말하자면 '판타지풍 스토리'에서 뽑아낸 이야기의 구조와 동일하다는 점이다. 이처럼 이야기의 구조는 주인공의 외현이나 장르로부터 자유롭다는 것을 기억하길 바란다.

어느 날 왕과 왕비가 이웃 나라에 갈 일이 생긴다(부재). 왕과 왕비는 혼자 남은 공주에게 성 안의 안마당 너머로는 가지 말라고 당부한다(금지). 그러나 부모가 떠난 후 공주는 부모의 당부를 어기고 안마당으로 나오게 된다. 그때 마녀가 공주에게 다가와 왕과 왕비의 부재를 확인했고(정보 요구), 확실히 없다는 것을 알게 된다(정보 입수). 마녀는 왕비로 변신한 후 공주에게 성 밖으로 나가도 된다고 말하고(책략), 공주는 그만 성 밖으로 나가게 된다(방조). 마녀는 용이 사는 계곡으로 공주를 끌고 간다(가해 혹은 결여). 성에 돌아온 왕은 공주가 사라진 사실을 알고 병사들에게 공주를 찾으라고 명령하지만 용을 두려워한 병사들은 왕의 명령을 따르지 않는다. 결국 공주를 찾을 용사를 찾는 공고를 내고(파견), 용감한 젊은이가 나타나 자신이 공주를 찾아오겠다고 말한다(임무 수락). 젊은이는 용이 사는 계곡을 향해 길을 떠난다(출발). 젊은이는 여행 중에 탑에 봉인된 노인을 만나고, 자신을 구해달라는 노인의 요구(선행 행동)를 들어준다(반응). 그러자 노인은 젊은이를 위해 독수리를 불러주고(획득), 젊은이는 독수리의 등을 타고 용이 사는 계곡으로 향한다(공간 이동). 계곡에 도착한 젊은이는 용과 싸우게 되고(투쟁), 손바닥에 상처를 입게 되지만(표식), 결국 용을 쓰러뜨리게 된다(승리). 젊은이는 공주를 구해내고(가해 혹은 결여의 회복), 성으로 출발한다(귀로). 하지만 이를 알게 된 마녀가 젊은이를 뒤쫓고(추적), 젊은이는 다시 독수리를 타고 도망친다(탈출). 공주와 헤어지게 된 젊은이는 자신을 뒤쫓는 마녀를 속이기 위해 상인으로 변장한 채 왕국으로 돌아간다(은밀한 귀환). 한편 공주는 가짜 용사로 변신한 마녀와 함께 왕국으로 돌아갔고, 가짜 용사는 자신이 공주를 구해왔다고 주장한다(거짓 주장). 왕은 상인의 모습으로 귀환한 젊은이와 가짜 용사에게 공주의 몸 어디쯤에 점이 있는지를 묻는다(난제). 젊은이는 왕의 물음에 대답하고(해결), 이와 동시에 공주는 자신을 구하다가 손바닥에 상처를 입은 젊은이의 상처를 가리킨다(인지). 드디어 가짜 용사의 정체가 밝혀지고(폭로), 젊은이는 상인으로 변장하기 위해 입은 옷을 벗고, 새 옷을 입음으로써 늠름한 모습을 보인다(변신). 마녀는 화형에 처해지고(처벌), 젊은이는 공주와 결혼해서 왕위에 오른다(결혼 혹은 즉위).

표 2 31가지 기능으로 이루어진 마법민담풍 이야기의 사례

나카가미 겐지의 시도

이야기의 구조에 맞게 이야기를 창작하는 행위는 자신의 고유성을 드러내려는 표현 의지를 갖고 있는 사람들에게는 생리적으로 받아들이기 힘든 것이다. 하지만 나는 작가가 그저 본인의 자의식을 쏟아부은 표현에서는 의미를 찾지 못하겠다. 그런 종류의 미술이나 문학에서 자주 볼 수 있는 자의식을 이야기의 구조라는 주물 형틀에 넣어야 비로소 남들 눈에 내보일 만한 물건이 된다는 것이 이 책이 말하고자 하는 바이다.

80년대 일본의 문학가 중에도 작가의 고유성을 부정할 수 있는 창작 방식에 관심을 가진 이들이 있었다. 나카가미 겐지도 그중 한 명이다. 나카가미 겐지는 과거에 프로프로 대표되는 러시아 형식주의 스토리론을 응용해서 소설 집필 기술을 교육할 수 있다고 말한 적이 있다.

> 만약 소설 수업에서라면 내가 주제를 정하고 여러분한테 10장 정도 글을 쓰게 한 다음, 그것을 치밀하게 분석하거나 줄거리의 전개 방법, 플롯 설정 방법 등을 설명할 수도 있습니다.

러시아 형식주의는 말 그대로 러시아의 사회주의 리얼리즘에 질린 자들이, 러시아 소설의 혁신이랄까, 소설을 새롭게 만들기 위해서 시도한 것으로 볼 수 있습니다. 억압 속에서 소설이란 무엇인가, 문학이란 무엇인가 등을 생각하고 시도했던 사람들이 컴퓨터에 입력하는 형태로 데이터를 만들고 이론을 구축한 것입니다. 이와 함께 기호학이 출현하던 시대가 있었기 때문에 이런 말도 할 수 있는 거죠.

(『현대 소설의 방법』, 나카가미 겐지 지음, 다카자와 슈지 엮음·해설, 샤쿠힌샤, 2007)

내가 『이야기 체조』를 시작으로 일련의 소설 작법 입문서를 쓰게 된 것도 이와 같은 생각에서 비롯되었다. 나카가미는 분석이론 혹은 비평이론으로서의 작품론을 창작 매뉴얼로 바꿔 사용하는 것이 가능하다고 분명히 말하고 있다.

그렇다면 나카가미 자신은 이야기론을 창작 방식에 실제로 적용시켰을까. 나카가미가 고인이 되었으니 이제 와서 그것을 확인할 방도는 없지만, 나카가미가 만년에 쓴 작품인 극화' 원작인 『남회귀선南回歸船』은 그 가능성이 높다고 본다.

나카가미가 만년에 쓴 작품들에는 이야기의 구조가 그대로 드러나 있는데, 비평가들은 그것을 '의도된 스테레오타입화'라고 논하기도 했다. 나카가미가 일부러 극단적인 스테레오타입의 이야기를 그려냄으로써 오히려 이야기의 구조를 부수려고 했다는 주장이다. 내 생각에는 나카가미가 이야기의 구조를 좀 더 순진하게 가지고 논 것이 아닐까 싶기도 하지만.

이야기론적으로 미완의 결말을 예상해보다

내가 더 관심이 가는 건 나카가미가 이야기론에 접근하게 된 시대 배경이다. 나카가미는 강연에서 이야기를 컨트롤하는 것은 이야기 자체이며, 〈스타 워즈〉는 그런 경지에 이른 것 같은 느낌이라고도 말했다. 여기서 나카가미가 〈스타 워즈〉에 대해 언급한 것은 매우 중요하다. 〈스타 워즈〉의 각본 및 제작 단계에서 조지프 캠벨[2]의 신화론이 응용됐다는 사실은 내 책 『캐릭터 메이커』에서 자세히 다룬 바 있다. 나카가미는 그런 사실을 기반으로 〈스타 워즈〉라는 작품이 '이야기(론)가 이야기를 컨트롤'하는 단계에 와 있다고 말한 것이다. 문학이라는 측면에 한정해서 보자면 나카가미는 70~80년대의 구조주의와 프로프의 유행만을 배경으로 삼은 것이 되지만, 문학이라는 좁은 틀로는 나카가미의 발언을 이해할 수 없다.

『남회귀선』을 극화의 원작으로 사용한 것처럼, 만년의 나카가미는 극화라는 서브컬처subculture에 큰 흥미를 가졌다. 나카가미가 프로프의 이야기론을 응용하는 데에 관심을 가진 것은 문학의 바깥에서 일어나고 있는, 이야기를 두고 일어날 환경의 변화를 염두에 뒀기 때문이다. 나카가미의 발언에 컴퓨터에 대한 언급이 있었다는 점이나 나중에 분석하게 될 『남회귀선』이 RPG의 전형적인 파티 형식을 채택하고 있는 것을 감안하면, 나카가미가 컴퓨터 게임을 포함해서 이야기가 이야기론적으로 재구성되는 새로운 국면에 민감하게 반응했던 건 아닌가 싶다. 또한 그 결과 구조에 맞게 이야기를 쓰는 방식을 시도했고, 이 시도가 비평가에게는 과도한 스테레오타입으로 비쳤던 것은 아니었나 싶다. 나카가미는 이야기론적으로 이야기를 만들어냄으로써 자신의 소설을 문학이라는 틀보다 더 넓은 현실에 안착시키려는 꿈을 꿨던 건지도 모른다.

그래서 이 장에서는 이야기론적으로 창작된 이야기의 예로서 소설 형식으로 씌어진 나카가미의 『남회귀선』 원작을 검증해보고자 한다. 이 작품은 나카가미 겐지 전집에도 수록되지 않았고, 내가 2005년에 개인출판 형태로 2005년에 기획하여 가도카와학예출판사에서 간행한 바 있다. 발행 부수는 매우 적었지만 큰 공공도서관이나 문학부가 있는 대학의 도서관에서는 열람할 수 있을 것이다.

이 작품을 작례로 삼은 또 다른 이유는 작품이 연재하는 도중에 중단되었기 때문이다. 만약 이 작품이 이야기론을 응용하여 쓰여졌다면, 이야기론에 따라 미완의 결말을 예상해볼 수 있을 것이다. 따라서 이번 장에서는 『남회귀선』을 이야기론에 따라 독해하면서 그 뒷이야기를 예상해보려고 한다.

이야기론이 이야기의 문법을 추출하는 연구이기는 하나 연구자에 따라 다루는 이야기들이 서로 다르고, 도출되는 이야기의 구조도 다르다. 나카가미는 프로프를 포함하여 그동안 간행된 이야기론을 많이 접한 것으로 보인다. 그런 반면 신화를 비롯한 가지와라 잇키[3] 원작의 극화는 여러 이야기에서 '구조'를 추출하여 스스로 생각하는 이야기론에 따라 창작한 것 같다.

전 세계에 존재하는 보편적인 이야기

정말로 나카가미가 이야기론에 따라 이야기를 쓰려고 생각했다면 나카가미가 따르려고 했던 이야기의 구조는 어떤 것이었을까. 그에 대한 실마리는 『남회귀선』의 등장인물인 다케시의 대사에서 찾을 수 있다.

> "어머니는 내 불꽃 때문에 죽었어."
> 미쓰코가 다케시를 본다. "네 불꽃이라니?"
> "내가 15살 때 아버지가 얘기해줬어. 태어났을 때 나는 새빨간 불꽃 같은 아기였대. 어머니는 나를 낳고 3일 후에 죽었어. 나를 낳으려고 고통스러워하다가. 나는 딱 3일 동안 괴로워하던 어머니에게 안겨 있었어. 나는 불꽃 같은 아기였대."
>
> (『남회귀선』, 나카가미 겐지 지음, 가도카와학예출판, 2005)

불꽃 같은 아기가 태어나고 어머니가 죽는다는 에피소드는 일본 신화의 한 부분을 연상시킨다.

> 다음으로 히노야기하야오노카미를 낳았다. 다른 이름으로 히노카가비코노카미라고도 하고, 또 다른 이름으로 히노카구쓰치노카미라고도 한다. 이 아이를 낳느라 음부가 타버려 앓아누웠다. 토사물에서 태어난 신의 이름은 가나야비코노카미. 다음으로 가나야마비메노카미. 다음으로 대변에서 태어난 신의 이름은 하니야스비코노카미, 다음으로 하니야스비메노카미. 다음으로 소변에서 태어난 신의 이름은 미쓰

하노메노카미, 다음으로 와쿠무스히노카미. 이 신의 아이는 도요우케
비메노카미라고 한다. 이리하여 이자나미노카미는 불의 신을 낳음으
로써 마침내 돌아가시게 되었다.

(『고사기』,[4] 구라노 겐지 교정 및 주석, 이와나미쇼텐, 1963)

이자나미가 아이를 낳다가 죽자 남편인 이자나기[5]가 그 아이를 칼로 베어 죽였다는 히노카구쓰치노카미의 탄생담이다. 일본 신화에서 화가 난 이자나기가 가구쓰치노카미를 칼로 죽이고, 떨어진 핏방울에서 많은 신들이 태어난다는 내용이다. 그런데 어머니가 특별한 아이를 낳다가 죽게 되었다는 발단 부분은 사실 전 세계에 존재하는 보편적인 이야기이다.

여기서 참조할 만한 책은 프로이트파 신화학자 오토 랑크Otto Rank의 고전적 이야기론인 『영웅 탄생 신화』이다. 오토 랑크는 비정상적인 탄생으로 시작되는 영웅의 출생 신화에는 이러한 공통된 틀이 있다고 보았다. 랑크의 연구는 프로프보다 더 오래전이라 '구조'라는 개념은 없지만, 그리스도나 모세, 지크프리트, 혹은 오이디푸스나 아킬레우스 등 다양한 신화에서 끌어낸, 말하자면 '영웅 탄생 신화'가 가지고 있는 문법이라고 할 수 있다.

1. 영웅은 지위가 높은 부모, 일반적으로 왕의 혈통을 이은 아이로 태어난다.
2. 그의 탄생을 전후로 부모는 여러 형태의 고난을 겪는다.

3. 예언에 의해 아버지가 아이의 출생을 두려워하게 된다.

4. 아이를 상자나 바구니 등에 넣어 물가에 버린다.

5. 아이는 동물이나 사회에서 신분이 낮은 사람들에게 구조되고, 주인공은 진짜 부모가 누군지 모르는 채 자라거나 양부모가 키우게 된다.

6. 아이는 어른이 되어서 자신이 고귀한 혈통으로 태어났다는 것을 알게 된다.

7. 아이는 자신을 낳은 부모에게 복수한다.

8. 진짜 부모는 아이가 자기 자식임을 인정하고, 아이는 최고의 영예를 얻게 된다.

『프랑스 민담』(미셸 시몬센 지음, 히구치 아쓰시·히구치 히토에 옮김, 하쿠스이샤, 1987)에 요약되어 있는 내용을 따름

오이디푸스 신화를 연상하면 이 구조를 이해하기 쉬울 것이다. 이 구조는 〈스타 워즈〉에도 딱 들어맞는다. 랑크가 도출한 구조와는 조금 다르지만, 〈스타 워즈〉의 이야기 구조는 조지프 캠벨이 『천의 얼굴을 가진 영웅』에서 제시한 영웅신화의 구조에 충실히 따랐다.

하지만 한편으로 캠벨이 만년에 조지 루카스 소유의 스카이워커 목장에서 저널리스트 빌 모이어스[6]와의 대담에서 한 말에 주의할 필요가 있다.

모이어스 : 부친 탐구는 몇 세기 동안 우리에게 어떤 영향을 준 것일까요.

캠벨 : 그것은 신화의 주요 테마입니다. 영웅의 생애를 다룬 많은 이야기에서 소년이 "어머니, 제 아버지는 어디 있나요?"라고 묻는 작은 모티프가 있습니다. 어머니가 "네 아버지는 어디어디에 있다"고 답하고, 소년은 아버지를 찾아 여행을 떠나는 것입니다.

(『신화의 힘』, 조지프 캠벨·빌 모이어스 지음)

캠벨이 여기에서 '아버지 찾기'라는 식으로 언급한 것은 사실 랑크가 말했던 구조이다. 이것은 오리구치 시노부'가 '귀종유리담貴種流離譚'이라고 불렀던 이야기의 구조와도 유사하다. 〈스타 워즈〉에서는 루크 스카이워커가 제다이 혈통으로 태어났지만 그의 탄생이 제국을 멸망시킬지도 모른다는 예언 때문에 변경 행성의 숙부 집에서 자랐고, 마지막에는 진짜 아버지인 다스베이더를 쓰러뜨리게 된다. 나카가미가 〈스타 워즈〉를 염두에 둔 것은 분명하므로, 캠벨이 제시한 영웅신화 구조를 참조했을 가능성도 높다.

그러나 캠벨이 제시한 구조 속에는 혈통이라는 모티프가 반영되어 있지 않다. 랑크의 논문을 참조했는지 아닌지의 여부는 열외로 하더라도, 나카가미가 염두에 둔 이야기의 구조는 랑크와 캠벨의 절충안이 아닌가 싶다. 이런 가정하에서, 이 장에서는 랑크가 제시한 구조와 『남회귀선』의 이야기가 어떤 대응 관계를 갖고 있는지 살펴보겠다.

'귀종'의 탄생과 '어머니의 죽음'

다음에 이어지는 글의 내용은 영웅이 높은 지위의 부모 또는 왕의 혈통을 이은 아이라는 설정에 해당한다.

"그 다음, 이걸 봐봐." 스포니치는 낡은 신문을 펼친다. '통가 국왕, 왕비 일본 방문'이란 표제. 궁중에서의 파티, 정장을 입은 공주. 잘 차려입은 여러 명의 통가 여성. 그 가운데에 두 명의 공주가 있다. 하지만 너무 어리다. 스포니치는 부인 중 한 명을 손가락으로 가리킨다.

"이 분이야." "클로즈업된 사진이 이거지."라며 한 장을 더 꺼낸다. "어젯밤에 내가 기사를 쓰고 나서 문득 떠오른 게 있어서 자료실을 뒤져봤지. 그저 구사카베 죠지를 알고 싶었어. 아오키씨한테 물어봐도 엄청난 사람이라고 하잖아. 내 기억에도 그래. 슈퍼 히어로, 아니 슈퍼라는 글자가 두세 개 더 붙어도 이상하지 않을 히어로였어. 어째서 갑자기 사라졌는지 알고 싶어서 자료실을 뒤집어엎었어. 사진을 확대했더니…, 깜짝 놀라서 그야말로 심장이 내려앉는 줄 알았어."

"왕비야? 이 사람이?"

스포니치는 왼손에 왕비의 사진을, 오른손에 한 여성의 사진을 들고 "이쪽이 통가 국왕의 제3 왕비, 이쪽이 구사카베 죠지와 친밀했던 여성"이라고 말하며, "이 소년이 태어난 해에 구사카베 죠지는 갑자기 모습을 감췄어"라고 말을 이었다.

(『남회귀선』)

주인공인 소년 구사카베 다케시의 아버지는 전설의 복서이고, 어머니는 통가 국왕의 세 번째 부인이라는 설정이다. 그것은 특별한 혈통, 즉 '귀종貴種'이다.

　이런 주인공의 탄생에는 어떤 곤란한 상황이 동반되지 않으면 안 되는데, 이것이 앞에 언급했던 '어머니의 죽음'인 것이다. 나카가미는 일본 신화를 연상시키는 에피소드를 언급함으로써 이 작품이 이야기론적인 틀 속에 있다는 것을 은근히 나타낸 것 같다. 그렇기 때문에 이 에피소드는 주인공으로 하여금 다시 한번 강조하듯이 반복된다.

　　"나는 아무것도 몰라. 어머니는 나를 낳고 3일 만에 내가 너무 뜨거워서, 내가 불덩이 같은 아기여서 죽었어."
　　"죽긴 누가 죽어." 스포니치는 말한다. 스포니치가 잡지를 꺼낸다. 〈Asian Report〉라는 영어 잡지. 표지에 여성 사진. 표제로 'Dignity of Tonga Kingdom in Saipan'이라고 써 있다.
　　"이 잡지는 작년 3월 거야. 사이판에 있다는군."
　　"사이판." 다케시가 흥분하며 말한다. 하지만 이내 다케시는 풀이 죽는다. "아버지는, 내가 너무 뜨거워서, 불덩이 같았기 때문에 어머니가 죽었다고 했는데."

　　　　　　　　　　　　　　　　　　　　　　　　　(『남회귀선』)

　이 부분에서 다케시는 어머니가 죽었다고 생각한다는 것을 알 수 있다. 하지만 '이야기론적으로는' 어머니가 살아 있어야 한다. 나카가미는 주인공의 입을 통해 이자나기 신화를 연상시키는 에피소드를 들려주고, 주인공이 그것을 믿고 있다고 설정함으로써 주인공이 앞으로 영웅신화의 구조를 따라가게 될 것임을 암시했다. 그러나 어머니가 살아있다는 이 복선 또한 앞으로 주인공이 신화의 구조를 따라 살게 되는 데 필수 불가결한 요소이다.

'예언에 의해 아버지가 아이의 출생을 두려워하게 된다'는 부분은 『남회귀선』의 연재가 중단된 시점까지는 아직 나오지 않았다. 하지만 이 부분이 빠져 있다기보다는 주인공의 수수께끼와 깊은 관계가 있기 때문에 연출상 후반부로 미뤄놓은 것이 아닐까 싶다. 여기서 한 가지 생각해봐야 할 것은 '아이의 탄생을 두려워한 아버지'가 과연 구사카베 죠지일까 하는 것이다. 이것은 미완성된 부분의 플롯을 추측하는 데에 있어 중요한 포인트이다.

'흘려보내진 자'로서의 속성

랑크에 의하면 주인공은 상자나 바구니에 담겨진 채 강에 버려진다. 즉 '흘려보내질' 운명이다. 좀 느닷없다는 느낌이 들 수도 있겠지만 서양 신화의 영웅들은 대체로 이런 운명을 따르고 있다. 이전에 썼던 책 『캐릭터 메이커』에서 데즈카 오사무[8]의 『도로로』는 랑크가 제시한 이 구조와 완전히 동일하고, 그렇기 때문에 주인공 핫키마루가 흘려보내지는 장면(〈그림 7〉)이 있다고 지적한 적이 있다. 일본의 옛날이야기 「모모타로」에서 복숭아(일본어로 '모모')를 타고 떠내려온 주인공을 노부부가 주웠다는 부분도 같은 구조에 기반을 두고 있다. 나는 학생 시절에 모모타로가 옷 상자에 담겨 떠내려왔다는 옛날이야기를 야마가타 현에서 채집한 적도 있다.

다케시의 출생은 수수께끼인 채로 남아 있기 때문에 물가에 흘려보내졌는지 아닌지는 알 수 없다. 한편 다케시의 아버지, 즉 구사카베 죠지가 소년시절 겪었던 에피소드가 이런 식으로 회상되고 있다.

일본은 가난한 시대에도 인구가 증가하고 있었다. 사람들은 난민으로 외국을 떠돌며 다른 나라 사람들의 도움을 받아야 살 수 있었다. 인도네시아나 모쿠요토[9]까지 진주조개를 따러 갔다. 미국 서해안에는 고기잡이를 하러, 브라질에는 농사를 지으러 떠났다. 필리핀에는 어업과 농업을 하러 갔다. 다케시의 할아버지가 남태평양 폴리네시아의 통가에 갔던 것은 모험하기 위해서가 아니다. 바로 여기, 이 일본에서는 먹고살 수가 없었기 때문이다. 중국에도 갔다. 만주에도 갔다. 사람은 여기에서는 먹고살 수가 없었기 때문이다. (중략) 구사카베 다케시의 할아버지는 난민선과 다름없는 배를 타고 남하하여 통가까지 갔다. "난민이었어?" "아니야. 확실한 자료가 있어. 내가 조사했지. 할아버지의 배는 75톤 정도야. 그 배가 통가의 항구에 입항했을 때에는 사람들의 열렬한 환영을 받았어. 예포까지 쏘면서 환영했지."

『남회귀선』

즉, 다케시의 아버지와 할아버지는 모두 배를 타고 흘러갔던 것이다. 다케시 자신은 흘려보내지지 않았더라도, 그의 핏줄에는 '흘려보내진 자'로서의 속성이 이어져 내려오고 있다는 사실이 암시되어 있다.

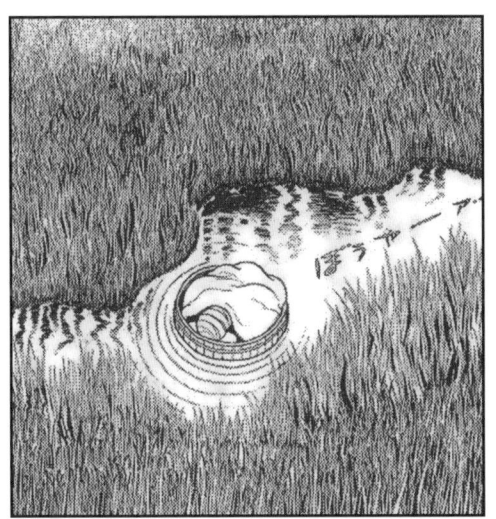

그림 7 데즈카 오사무의 만화 『도로로』의 한 장면.
『데즈카 오사무 만화 대전집 DVD-ROM』(데즈카프로덕션 감수, 고단샤 협력, 데즈카 오사무 디지털만화대전집 제작위원회〈아사히신문사, 인크리먼트P, 비디오 팩 닛폰〉 제작·발행, 2001)

 이와 같이 흘려보내진 주인공은 사회적으로 신분이 낮은 사람들에게 구조되어 자라게 된다는 것이 그 다음 전개이다. 이것은 왕의 혈통, 고귀한 혈통을 가진 인물이 초라한 모습으로 바뀌었다는 것을 강조하기 위한 에피소드이다. 『남회귀선』에서 이에 해당하는 부분은 주인공과 아버지가 서커스에 몸을 의탁한다는 부분이다.

 다케시와 아버지가 오토바이 옆에 서 있다. 다케시는 작은 배낭을 매고 있다. 서커스의 줄 타는 사람과 다른 출연자들이 둘러싸고 "여기계속 있으면 이 서커스가 일본 최고, 아니 세계 최고의 서커스가 될 텐데…"라고 투덜거린다. 아버지는 "꼭 해야 할 일이 있어서요…"라며 고개를 숙인다. 그리고 피에로와 줄 타는 여자와 같이 이야기하던 다케시에게 "이제 됐니? 인사했어?"라고 묻는다. 다케시는 그동안 다정하게 대해줬던 피에로의 머리를 올려다보며 "인사했어."라고 말한다.

『남회귀선』)

어디까지나 이야기 구조상의 문제로서 이 서커스단은 단지 영웅신화의 주인공이 몸을 의탁하는 '사회적 신분이 낮은 사람들'에 해당하며, 서커스 관계자에 대해 차별적인 의미로 하는 말은 아니다. 그런데 진짜 영웅신화였다면 주인공은 출생 직후에 아버지와 떨어지고, 그 후 재회한 다음에 아버지를 살해한다. 그런데 소년 시절의 다케시는 아버지와 함께 방랑하고 있다.

그렇게 본다면 주인공의 아버지인 죠지의 역할은 주인공을 보호하고 키워준 아버지에 대응할 가능성이 있다. 즉 진짜 아버지는 따로 있을지도 모른다고 '이야기론적으로는' 추정할 수 있는 것이다. 하지만 작중에서 다케시의 아버지는 구사카베 죠지이다. 주인공은 '어른이 된 후 고귀한 혈통의 부모'가 존재한다는 것을 알게 된다.

아오키는 "알지…"라고 중얼거리며 달리는 다케시의 외로운 얼굴을 떠올린다. "구사카베 다케시…" "다케시" "구사카베… 다케시…" 아오키는 한 사내의 레이스 장면을 떠올린다. 코너를 돌면서 앞서거니

뒷서거니 하는 그 사내와 아오키. 결국은 외로운 얼굴의 사내가 앞질렀다. 당황하는 아오키. 외로운 얼굴. 하지만 눈이 빛난다. "구사카베". 헬멧을 벗은 얼굴. 다케시를 닮았다. 그런데 곱슬머리다. 피부도 살짝 거무튀튀하다. "그때 그 구사카베…? 그 아들…? 그래, 그 녀석이야!"

(『남회귀선』)

이렇게 해서 출생의 비밀을 알게 된 다케시 앞에 이토 신잔이라는, 우익의 흑막黑幕 비슷한, 흔한 설정의 인물이 나타난다. 그 인물은 어째서인지 권투선수 마이크 타이슨과 시합을 하라고 명령한다. 타이슨에게 승리한 다케시는 양귀비라는 이름의 청나라 후예인 미녀를 얻게 된다.

이 이토 신잔은 남태평양부터 대만, 구 만주 지역, 한반도, 즉 과거의 '대동아공영권'을 부활시키려는 야심을 갖고 있는 듯하다. 하지만 다케시는 저항하고 양귀비와 타이슨을 데리고 탈출한다. 이 시점에서 이미 다케시한테는 몇 명의 동료가 존재한다. 마치 RPG의 '파티'와도 같이, 이야기 구조에 충실하게 다케시를 만난 인물들은 다케시와 대결하고 나서 자신을 조력자로서 다케시에게 맡기는 형태로 파티에 합류한다(실제로 극화의 스토리는 이런 내용의 반복이다).

『남회귀선』 주인공 일행이 탈출하고 다음 사건이 발생하는 단계로 이동하는 시점에서 연재가 중단되었다. 거기에서도 또 새로운 증여자가 등장하고 주인공에게 무언가를 제공하는 내용이 전개됐을 거라 예상할 수 있다. 『남회귀선』은 〈주간 극화잡지〉에 연재되었던 작품이었으므로 프로프가 말한 증여자를 둘러싼 이러한 기능을 반복함으로써 얼마든지 장편으로 만들 수 있었을 것이다. 그러나 문제가 되는 것은 그런 반복이 진행된 후 어떻게 되었을까 하는 미완의 결말 부분이다.

죽여야 할 아버지

영웅 탄생 신화에서 중요한 것은, 오이디푸스 신화나 〈스타 워즈〉에서도 마찬가지였듯이, '부친 살해'이다. 나카가미가 『남회귀선』 이전에 발표했던 소설 작품들을 생각해봐도 이 요소는 빼놓을 수 없다고 본다. 그럼 다케시가 죽여야 하는 '아버지'란 과연 죠지였을까?

〈그림 8〉은 『남회귀선』의 작중인물 계보도이다. 다케시에게는 통가인 할머니와 일본인 아버지의 피가 흐르고 있다. 그런데 작중에서 신경 쓰이는 묘사가 있다.

> 양귀비가 "아아, 선생님. 드디어 선생님의 진짜 손자가 찾아왔어요"라고 말한다.
> 이토 신잔이 "무슨 소리냐, 양군"하며 대답한다. 양귀비가 다케시에게 "자, 갑시다"라며 손을 끌고 2층으로 가려고 한다.
>
> (『남회귀선』)

즉, 다케시는 '이토 신잔의 손자'라는 이야기이다. 다케시의 어머니는 통가 왕의 세 번째 부인으로 시집간 일본인이다. 그렇다면 다케

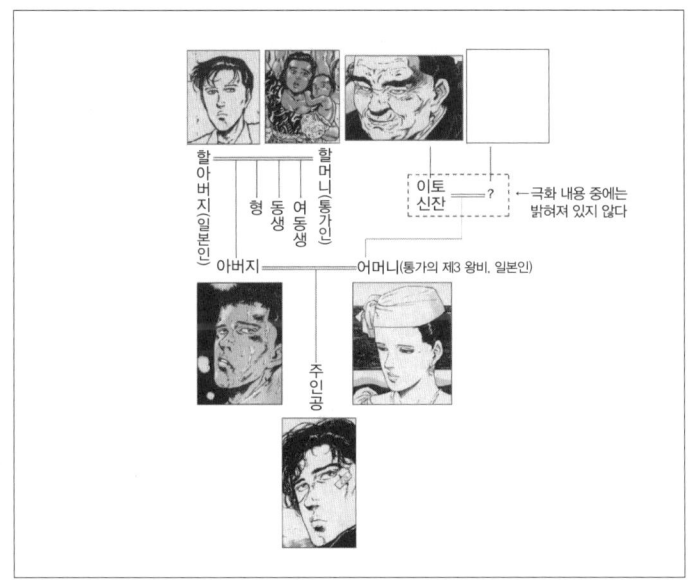

그림 8 『남회귀선』(나카가미 겐지 원작, 다나카 아키오 작화, 후타바샤, 1990~1991)

시의 어머니의 아버지가 바로 이토 신잔인 것이다.

그렇다면 어머니의 어머니는 과연 누구일까? 이에 대해서 주목할 만한 부분이 있다. 이토 신잔은 다케시와 타이슨의 권투 시합을 진행시키고, 다케시가 이기면 양귀비를 다케시에게 시집보내겠다고 한다. 반대로 타이슨이 이기면 다케시를 양귀비, 즉 청나라에 데릴사위로 보내겠다는 약속을 한다.

"너희들은 반대하지 못해. 타이슨이 승리한다는 쪽에 걸었으니까. 그야 그렇지." 울프가 다케시의 팔을 잡는다. "이 팔과…"라며 타이슨의 팔을 잡는다. "이 팔이야." 울프가 웃는다. "이 공주님 이름이 뭐였더라?" 귀족 중 한 명이 "양귀비 님"이라고 말한다. "아아, 그래. 그랬지. 양귀비. 양귀비가 구사카베 다케시를 데릴사위로 데려가느냐, 구사카베 다케시가 양귀비를 신부로 데려가느냐, 이분들은 우리 선생님과 내기를 했어. 구사카베 다케시가 타이슨을 녹다운시켰으니 네가 신부를 차지했다는 얘기야." "어째서?"라고 묻는 미쓰코. "이유는 아무래도 상관없어." 울프가 "알아? 우익의 엄청난 거물과 청나라 중진들의 내기야. 그냥 동네 결혼식이 아니라고. 나라를 주고 받는 거야. 왕조를 통째로 따온 거지."라고 말했다.

(『남회귀선』)

이 부분에서 타이슨과 다케시의 시합은 '왕조를 통째로' 건 '내기'라고 한다. 다케시는 통가의 제3 왕비의 아들이다. 그런데 일본의 우익 거물이 통가 왕조의 자손에게 자신의 야망을 맡긴다는 것은 뭔가 기묘한 이야기이다. 게다가 그가 부흥시키려는 것은 명백히 대동아공영권이고, 그렇다면 그런 '왕조를 통째로' 건 '내기'라고 한다면 내기 대상이 된 다른 한쪽의 왕조는 아무래도 '일본의 왕조'여야 맞을 것이다. 즉 다케시의 외할머니에게는 일본 황족의 피가 흐른다고 봐야 이야기의 구조상 적절하다는 말이다.

자, 그럼 주인공인 다케시가 죽여야 할 대상은 외할아버지인 이토 신잔일까? 물론 이토 신잔을 '상징적인 아버지', 권력자로서 부친과 같은 존재로 보는 것도 충분히 가능하다. '이야기론적'으로는 성립한다고 볼 수 있다.

하지만 여기서 아버지가 다케시를 데리고 떠돌아다녔다는 점을 기억할 필요가 있다. 아버지 구사카베 죠지는 역시나 다케시의 진짜 아버지가 아니라 그를 키운 양아버지에 해당하는 인물이라고 보는 편이 이야기의 구조상 맞다. 적어도 아버지 죠지의 부모는 '귀종'이 아니었고, 극화판에서는 그려져 있지 않은 부분이지만 원작 문장 중에는 다케시의 할아버지가 나카가미 소설의 주인공 출신지로 자주 그려졌던 '뒷골목' 출신 즉, 부라쿠[10] 출신이라는 것이 암시되어 있다.

다케시의 진짜 아버지가 누구인지 추정해보자면 역시 이토 신잔 외에 다른 인물은 생각할 수가 없다. 이토 신잔은 자기 딸과의 사이에서 다케시를 낳았고, 구사카베 죠지는 이토 신잔의 야망을 알게 되어 다케시를 데리고 도망쳤다고 추정하는 것이 이야기의 구조상 맞을 것 같다.

이런 근친상간 내용이 이상하다고 생각할 수도 있지만, 신화에서는 그다지 드문 이야기가 아니다. 그리고 근친상간이라는 운명은 다케시에게도 주어졌을 것이다. 오이디푸스 신화에서 주인공은 아버지를 죽이는 한편 어머니와 맺어질 운명에 있다. 어머니가 살아 있는 이유가 단지 어머니의 입을 통해 진실을 밝히기 위한 것일 수도 있지만, 이야기의 구조를 끌어나가 이야기를 만들고자 했던 나카가미였으므로 그의 작품에서 오이디푸스 신화의 모자 근친상간 이미지가 나타나는 것도 그리 억지는 아니라고 생각한다.

이야기론에 의해 스토리를 만드는 것은 가능한가?

생각해보면 『남회귀선』이 이대로 계속 연재되었다면 황실, 부라쿠 문제, 근친혼이라는 갖가지 터부를 다 건드렸을 가능성도 있는데, 극화 잡지라는 매체에서 과연 그런 전개가 가능했을지에 대해서는 솔직히 의문이 남는다.

물론 좀 더 부드럽게 이야기를 전개시키는 방법도 없지는 않다. 실제로 〈스타 워즈〉에는 모자 근친상간에 해당하는 내용은 없다. 다만 레이아 공주가 여주인공으로 등장해서 루크와 키스를 하는 장면이 있었는데 결국 남매라는 것이 밝혀지는 것을 보면 '근친상간 금기'가 담겨 있다는 해석도 가능하다. 나카가미가 만약 그 정도 수준으로 부드럽게 전개시킬 생각이었다면, 여주인공 격인 미쓰코가 사실은 다케시의 여동생이었다는 식으로 〈스타 워즈〉 레이아 공주에 해당하는 포지션을 부여했을지도 모른다고 상상할 수도 있을 것이다.

만약 연재가 중단되지 않았다면 과연 문학적 실험으로서 『남회귀선』이 성공했을지는 잘 모르겠다. 하지만 적어도 이야기론에 따라 이야기를 만든다는 조지 루카스의 시도에 대해 극동지역의 한 문학자가 호응했고, 그 결과 『남회귀선』이라는 작품이 남겨졌다는 것만은 사실이다.

앞으로 이 작품을 어떻게 논할 것인지는 문예비평가의 문제로 남겨두기로 하고, 우리들은 이야기론에 따라 이야기를 만드는 것이 가능하다는 것을 보여준 작품이 있었다는 것만은 기억해두기로 하자.

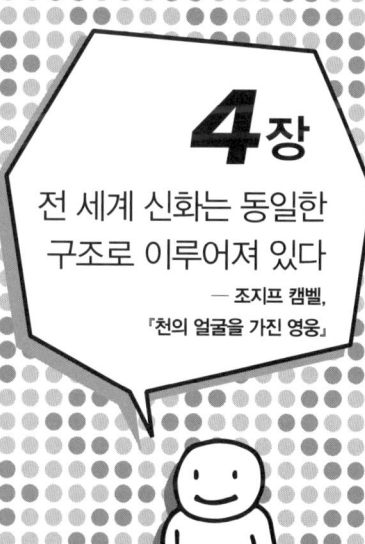

4장
전 세계 신화는 동일한 구조로 이루어져 있다

— 조지프 캠벨,
『천의 얼굴을 가진 영웅』

할리우드 영화의 스토리 개발

앞서 살펴본 바와 같이 '이야기론에 따라 이야기를 만든다'는 생각을 실천한 작가로는 나카가미 겐지와 오에 겐자부로, 무라카미 하루키 등이 있다. 물론 '나'라는 존재가 특별하다는 사실을 입증하기 위해서 소설을 쓰는 문학가가 적지 않은 일본에서 글을 쓰는 행위를 이야기의 문법이라는 규정으로 환원시켜버리는 그들의 태도는 이단적이라고 할 수 있다. 앞에 언급한 작가들이 어디까지 자각하고 있었는지는 제쳐두고라도 그들의 응용 이야기론적 경향은 할리우드 영화에서 '〈스타 워즈〉 이후'의 경향에 해당한다고 생각한다.

흥미로운 일이지만 일본에서 '〈스타 워즈〉 이후'라는 새로운 국면에 대응했던 것은 예외적이라고는 해도 문학가들이었다. 한편 영화 영역에서는 이야기론과 가까운 관계에 있는 기호론 및 구조주의 인류학이 비평이론으로서 원용되었지만, 각본을 만들기 위한 기술론적 측면에서는 거의 응용되지 않았다. 사소설이 글을 쓰는 행위 전체를 강하게 규정해버린 일본에서는 영화 역시 사적인 창작이어야 한다는 사고방식이 지배적이다. 예를 들어 미야자키 하야오의 〈벼랑 위의 포뇨〉는 감독이 세토내해¹에 위치한, 그야말로 영화의 한 장면을 연상시키는 바다 위 집에 틀어박혀 착상을 얻었다고 한다. 나는 개인의 창작물으로서의 영화를 부정하지는 않지만, 할리우드 영화에서 공동작업으로 이루어지는 시나리오 개발 프로세스에 더 큰 흥미를 느낀다.

할리우드 영화에서는 크랭크인crank in 이전의 시나리오 제작 프로세스를 디벨롭먼트 스테이지development stage라고 부르는데, 할리우드는 '이야기'에 관한 다양한 전문 직종과 공정이 특화되어 있다. 예를 들어 픽사²의 애니메이션 〈몬스터 주식회사〉의 메이킹 영상을 보면 그들이 스토리 제작에 예산과 노력을 쏟아부었다고 말하는 의미를 잘 알 수 있다. 픽사는 디즈니 이후 할리우드산 애니메이션의 전통적 작법인 콘셉트 아트concept art와 스토리 스케치, 스토리 릴story reel³ 등 그림을 기본으로 한 이야기의 개발을 중시한다. 사실 이 디즈니·픽사 방식의 스토리 개발은 미야자키 고로⁴ 감독의 〈게드 전기〉에서 매우 세밀하게 차용되었다는 인상을 받을 수 있다.

자세한 내용은 〈몬스터 주식회사〉 DVD 특전영상이나 〈디즈니 아트전展〉 DVD에서 확인할 수 있다. 할리우드의 이야기 제작 방식을 간단히 기술해보면 다음과 같다.

1. 콘셉트 아트

작품의 이미지를 규정하기 위해 그린 일러스트레이션을 콘셉트 아트라고 부른다. 이것을 담당하는 화가를 스타일리스트라고 부른다. 콘셉트 아트는 일반적으로 발표되지는 않지만, 월트 디즈니는 메리 블레어[5]라는 그림책 화가를 많은 작품에 기용한 걸로 알려져 있다. 디즈니랜드에서 가장 안쪽에 위치한 명소인 〈잇츠 어 스몰 월드 It's a small world〉의 디자인을 맡은 것도 메리 블레어다.

2. 스토리 스케치

시나리오를 담당하는 스토리맨과 일러스트레이션을 담당하는 애니메이터가 함께 하나의 유니트unit를 만들어, 하나의 장면을 이미지화하여 이것과 바로 연결되는 일러스트레이션을 그린다. 캐릭터의 연기나 대사, BGM 등도 이미지화한다.

3. 스토리 보드

한 장면의 스토리 스케치를 여러 유니트에서 할당받는다. 일단 스토리 스케치가 만들어지면 그것을 스토리 순서대로 한 장씩 벽에 붙이고 유니트마다 프리젠테이션을 진행한다. 스토리 스케치를 벽에 붙인 것을 스토리 보드라고 한다. 여러 종류의 스토리 스케치를 조합하면서 어느 쪽이 더 좋은 흐름인지 검토한다.

4. 스토리 릴

장면을 교체하거나 다수의 수정을 거쳐서 완성된 스토리 스케치를 한 장 한 장 반영하고, 임시 애프터 레코딩after recording[6]을 입혀 편집한다. 이것을 스토리 릴이라고 부른다. 말하자면 움직이지 않는 애니메이션이라고 할 수 있다.

이러한 공정은 '각본'이나 '그림 콘티'[7]가 존재하지 않는 공정이라고 말할 수 있다. 미야자키 하야오의 경우에는 이런 작업을 혼자 진행하면서 각본과 그림 콘티 형태로 출력한다.

스토리 만화의 기원

사실 일본 애니메이션은 이처럼 스토리를 작성하기 위한 독립된 공정이 매우 허약하다. 이런 지적은 15년전쟁[8] 시절부터 이미 있었다. 예를 들어 〈모모타로 바다의 신병〉[9]에도 참가한 애니메이터 세오 미쓰요[10]는 다음과 같이 말했다.

> "디즈니에 있는 기획위원회 말이군요. 그런 것을 담당하는 만화 스태프를 두지 않으면 안 되죠. 연출 이전에 강력한 기획위원회를 만들어야 하는 것이 현재 만화계의 가장 시급한 일입니다."[11]
>
> (《영화평론》 제3권 제5호, 「일본만화영화의 흥융」 좌담회, 1943)

세오 미쓰요가 말한 것이 바로 디즈니식의 스토리 개발 체제인데, 안타깝게도 이와 같은 주장이 일반화되지는 못했다. 그 이유 중 하나로 15년전쟁 중에 영화계에서 '스토리 양식'과 '비非스토리 양식' 영화 둘 중에 어느 쪽이 영화로서 더 예술적인지 논쟁이 일어났던 것을 들 수 있겠다. '비스토리 양식' 영화를 지지했던 쪽은 '프로키노(일본 프롤레타리아 영화동맹)'라 불리는 집단으로 마르크스주의적 기록영화 운동을 경유한 후 정치적으로 전향하여 국책 영화 제작에 관여했다. 비스토리 영화를 지지하는 이들의 입장은 당시 '문화 영화'라 불리며 국민의 과학적 계몽을 위해 영화법에 따라 강제 상영된 다큐멘터리 영화에서 볼 수 있는 태도와도 일치했다.

일본에서 처음 만들어진 장편 애니메이션 〈모모타로 바다의 신병〉은 비스토리 양식에 따른 것으로 실화를 바탕으로 해서 만들었다. 남방 지역 낙하산 부대의 작전을 다큐멘터리적 애니메이션으로 재현한 이 작품은 '문화 영화'적 요소를 많이 도입했다는 데즈카 오사무의 평을 듣기도 했다(『데즈카 오사무 대전 1』, 「추억의 일기(쇼와20년)」, 데즈카 오사무 지음, 매거진하우스, 1992). 만화 장르도 15년전쟁 중에는 역시 비스토리 양식의 '문화 영화화'가 진행되었다. 예를 들어 주인공이 처음부터 끝까지 열차 안에서 아버지한테 계몽적인 이야기를 듣는 내용인 오시로 노보루[12]의 『기차 여행』이 대표적이다.

그렇기 때문에 데즈카 오사무가 종전 후 만화 장르에 '스토리 양식'을 본격적으로 도입했다고 할 수 있다. 만화업계 종사자들은 '스토리 만화'라는 단어의 기원에는 관심이 없는 편이지만 '스토리' 자체가 이 같은 내력을 지닌 전쟁 중에 생긴 영화 용어인 것이다.

스토리는 이와 같은 역사의 흐름 속에서 만화의 영역에 의식적으로 도입되어 종전 후에 발전된 표현이다. 나의 몇몇 작품을 포함해서 현재 일본에서 그럭저럭 유명한 만화 작품 상당수가 할리우드에 영화 판권 계약을 맺게 된 것은, 해외에서 봤을 때 바로 그 '스토리'가 가치 있기 때문이다. 그러나 정작 일본인들은 저패니메이션[13]이라고 불리는 일본 만화와 애니메이션을 '모에'[14]나 '오타쿠'[15], '코스프레'[16]

등으로밖에 설명하지 못하는 것이 현재 상황이다. 그럼에도 불구하고 일본 영화나 애니메이션이 계속 만화를 원작으로 만들어지는 데에는 이처럼 전쟁 때부터 이어져 내려오는 스토리의 역사에 영향을 받아서가 아닐까 생각한다.

신화를 심리학적으로 해설하다

시나리오 개발 공정을 중시하는 동시에 하나의 공정으로 시스템화한 할리우드 영화는 〈스타 워즈〉 이후 이야기론을 창작 기술로 응용하게 되었다. 〈스타 워즈〉의 시나리오 제작에 신화학자 조지프 캠벨의 조언이 중요했다는 사실은 그 자체가 하나의 '신화'이기도 하지만, 그 바탕이 된 것은 캠벨의 저서 『천의 얼굴을 가진 영웅』에 제시된 영웅신화의 기본 구조이다. 캠벨은 프로프 이야기론의 재평가를 기점으로 하는 레비-스트로스[17] 등의 구조주의적 인류학과는 달리, 융[18] 학파의 심리학 이론에 영향을 많이 받은 신화학자이다. 캠벨은 고금의 영웅신화는 단일한 형식을 가지고 있다고 했는데, 모든 영웅신화는 인간의 자기실현 과정을 따른다는 것이다. 아마도 캠벨은 어떤 원형의 복합체로서 '단일신화의 구조'를 이미지화 했던 건 아닌가 싶다.

그 때문에 캠벨의 신화론에서 이야기의 구조가 가진 논리성은 심리학적으로 해석된다. 이것은 프로프가 등장인물의 감정을 기능에서 아예 소거했던 것과는 대조적이다. 캠벨의 해석은 그런 의미에서 자의적이기도 하지만, 주인공의 심리에 중심을 둔 만큼 일반인이 이해하기 쉬운 편이다.

캠벨은 우선 영웅신화를 출발, 이니시에이션, 귀환이란 3부 구성으로 파악한다. 이것은 프랑스의 인류학자이자 민속학자인 아르놀트 판 헤네프Arnold van Gennep[19]가 제시한 통과의례의 3단계설, 즉 분리, 이행, 통합과도 일치한다(『통과의례』, A. V. 헤네프 지음). 영웅은 이쪽 세계에서 '분리'되어 저쪽 세계를 향해 '출발'하고, 주인공은 저쪽 세계에서의 모험과 경험을 통해 그때까지의 자신(아이였거나 불안정하고 무언가 '결여'되었던 상태)으로부터 새로운 자신으로 '이행'한다. 그것은 '이니시에이션'의 과정이다. 마지막으로 원래 있던 세계로 '귀환'하여 그 세계에 다시금 '통합'된다. 즉, 영웅은 '갔다가 돌아오는' 이야기의 기본 틀대로 살아간다는 것이다.

캠벨이 제시한 세 가지 단계는 다음과 같은 3막 구성으로 설명할 수 있다.

제1막 출발

STEP1 모험으로의 소명

STEP2 소명의 거부

STEP3 초자연적 존재의 원조

STEP4 첫 경계의 통과

STEP5 고래 태내

제2막 이니시에이션

STEP1 시련의 길

STEP2 여신과의 만남

STEP3 유혹자로서의 여성

STEP4 아버지와의 일체화

STEP5 신격화

STEP6 최종 보상

제3막 귀환

STEP1 귀환의 거부

STEP2 주술적 도주

STEP3 외부로부터의 구조

STEP4 귀로 경계의 통과

STEP5 두 세계의 스승

STEP6 삶의 자유

캠벨은 각각의 과정에 대해 온갖 책을 섭렵하여 고금의 신화를 인용했다. 여기서는 캠벨이 제시한 구조를 『남회귀선』의 구조에 맞춰 해설해보고자 한다.

비일상으로 출발하다

출발의 과정은 주인공이 그때까지 지내온 생활권(일상)에서 벗어나 바깥 세계(비일상)로 떠나는 부분이다.

STEP1 모험으로의 소명

이 시점의 주인공은 아직 유년기이다. 나이가 어리다는 의미가 아니라, 융 학파의 용어로 표현하면 아직까지 '자기self 각성'에 이르지 못한 상태라는 뜻이다. 하지만 이 유년기는 거의 다 끝나가는 상황이고, 주인공 앞에 '유년기의 끝'을 알리는 무언가가 나타난다.

나카가미 겐지의 『남회귀선』에서 주인공 구사카베 다케시는 도쿄 가부키쵸에 왔다. 이 주인공에게 흘려보내진 아이라는 이미지가 부가되어 있다는 점은 앞 장에서 이야기했다. 작가인 나카가미 겐지는 이 속성을 '민들레 솜털'에 비유해 상징화했다.

> 민들레 솜털처럼, 지도의 구겨진 자국이 솜털처럼 보인다.
> 도쿄의 지도를 쥔 손가락. 손톱이 지저분한 검지 손가락이 움직인다.
> "여기구나." 늙은 알콜중독 노숙자가 중얼거린다. "왜 이런 데 와서, 뭐 좋은 일이 있다고."
> 꾸깃꾸깃한 지도 저편에 여기가 있다.
> 여기는 가부키쵸 입구 모퉁이의 오락실이다.
>
> (『남회귀선』)

『천의 얼굴을 가진 영웅』에는 언급되어 있지 않지만, 랑크가 든 예에서 보듯 영웅신화에서 영웅은 진짜 부모를 떠나 변경으로 유리된다. 그는 자신의 진짜 정체를 모른다. 다케시도 마찬가지다. 하지만 다케시 앞에 그의 출신을 알고 있는 남자 아오키가 나타난다. 아오키는 다케시의 혈통을 점찍어두고 그를 스카웃하려고 한다. 이 부분이 '소명召命'에 해당한다. 〈스타 워즈〉에서 주인공을 소명하는 역할은 R2D2가 우연히 입수해서 보여준, 레이아 공주의 구원 요청 메시지였다.

STEP2 소명의 거부

물론 모험을 떠나라는 말을 듣는다고 바로 떠날 만큼 영웅이 단순한 성격의 소유자는 아니다. 주인공의 내면에서 자각하라는 목소리가 들려오지만, 누구나 어른이 된다는 것은 무서운 법이다. 캠벨은 이렇게 말한다.

> 현실에서는 빈번하게, 신화나 통속극에서도 드물지 않게 소명에 응하지 않는 사태가 발생한다. 그 이유는 다른 데에 관심을 집중하고 있기 때문이다. 이러한 소명에 대한 거부는 모험을 부정적으로 바꾼다. 권태, 격무, 혹은 '일상생활'에 휩싸이면, 모험의 주체는 의미 있는 긍정적 실행력을 잃고, 구제만 기다리는 피해자가 될 수도 있는 것이다.
>
> (『천의 얼굴을 가진 영웅』, 조지프 캠벨 지음)

주인공이 어른이 되는 것, 즉 각성에 적극적인 경우에는 주인공 주변의 캐릭터가 막기도 한다. 루크 스카이워커는 변경 행성에서 떠나고 싶다고 말하지만 숙부 부부가 그 말에 소극적인 반응을 보이는 것도 '소명의 거부'이다. 또 캠벨에 의하면 이 소명의 거부가 잠자는 형태로 나타나는 경우도 있다.

어린 찔레꽃 공주(『잠자는 숲속의 미녀』의 주인공)는 질투심 많은 마녀(무의식적으로 지닌 악한 어머니 이미지)에 의해 물레 바늘에 찔려 잠이 든다. 공주만 아니라 공주를 둘러싼 온 세계가 잠에 빠져든다. 하지만 오랜 시간이 흐른 뒤 마침내 공주를 깨울 왕자가 찾아온다.

(『천의 얼굴을 가진 영웅』)

'찔레꽃' 공주를 잠들게 만든 것은 주인공을 자각시키고 싶지 않다는, 즉 자기 자식을 품에서 떠나게 하고 싶지 않다는 '모성'의 부정적 측면이라고 캠벨은 생각했다. 융 학파의 입장에서 모성은 아이를 보호하는 측면과 그것이 너무 지나쳐서 성장을 제한하는 측면 두 가지가 있다.

『남회귀선』에서 주인공 다케시는 과묵하고 소극적인 캐릭터이다. 하지만 주인공이 반드시 목적에 대해 자발적이고 능동적일 필요는 없다. 주인공은 운명을 거부할 수가 없으므로『남회귀선』에서 소명의 거부라는 단계는 모성의 부정적 측면에 의한 죽음의 유혹으로 그려진다. 바로 다케시가 마리안느라는 소녀의 자살극에 동반하는 장면이다.

알몸인 두 사람. 샤워. 새벽 1시. 건네 받은 알약을 삼키는 다케시. 유서가 있다. 마리안느는 다케시보다 15~16배를 더 삼킨다.

(중략) 겹쳐져서 잠자고 있는 다케시와 마리안느.

(『남회귀선』)

마리안느는 죽지만 다케시는 살아남는다.

STEP3 초자연적 존재의 원조

죽음에 이끌린 주인공을 각성시키는 존재가 있다. 그것은 모성의 또 다른 형태, 즉 보호자. 그리고 주인공에게 초자연적인 힘이나 아이템을 부여한다.

소명을 거부하지 않은 자는 영웅으로서 원정길에 나선 후 처음으로 보호자를 만난다. 왜소한 노파나 노인의 모습으로 자주 등장하는 보호자는 모험의 여정에서 곧 만나게 될 마魔의 영역에서 몸을 지켜줄 부적을 건네준다.

『천의 얼굴을 가진 영웅』

여기서 말하는 보호자란 프로프가 말하는 증여자이고, 〈스타 워즈〉에서는 오비완이나 요다이다. 한편 캠벨은 이 보호자는 기독교권에서는 성모 마리아의 표상으로 나타난다고 하며 그 의미를 다음과 같이 해석했다.

이러한 존재는 운명을 비호하는 힘, 즉 자비慈悲를 표상한다. 이 환상은 어머니 뱃속에서 처음 경험한 낙원과도 같은 평화에 대한 약속이다. 이 약속은 현재를 지탱하게 하고, 과거와 미래를 주관한다(그것은 알파요 오메가이다). 인생의 관문을 넘거나 삶을 자각하는 시기에, 설령 무한의 생명력이 위험을 당하는 것처럼 보인다 하더라도 비호하는 힘은 변함없이 마음의 성단聖壇에 있고, 낯선 모습 속에 있거나 혹은 바로 등 뒤에 숨어 있다.

(『천의 얼굴을 가진 영웅』)

나카가미가 채용한 것도 이와 같은 이미지라고 할 수 있다. 자살 소동에서 살아남은 다케시 앞에 마리안느의 여동생 미쓰코가 등장한다. 미쓰코는 또 한 명의 마리안느, 즉 모성의 긍정적 측면이라고 할 수 있다. 그것은 이와 같은 장면을 통해 명백하게 드러난다.

"눈을 떴을 때 마리안느가 죽었다는 소리를 듣고, 나를 낳고 3일 만에 돌아가셨다는 어머니를 떠올렸어. 내 불 때문에 어머니도 죽은 거고 마리안느도 죽은 거야."

"어머니는 살아계셔." 스포니치가 말한다.

"그럼 언니는." 미쓰코가 눈물을 흘린다.

"내가 죽였어." 다케시는 점프수트[20]를 보여준다.

"이 오토바이도, 점프수트도, 마리안느가 준 거야."

"아냐." 미쓰코는 말한다. "마리안느는 누굴 좋아하게 되어서 무서웠던 거야. 무서워서 다른 곳으로 가고 싶었던 거야."

미쓰코는 얼굴을 든다. "다케시, 특별하다면 살려줘."

"그래, 살려줘." 스포니치가 말한다. "오토바이 타. 권투도 해서 챔피언이 돼. 구사카베 죠지랑 엄마도 살려줘."

"언니처럼 남을 좋아하게 됐어. 살려줘."

다케시는 미쓰코를 본다. 미쓰코의 눈에 솜털처럼 흔들리는 빛 방울이 비친다.

다케시는 고개를 끄덕인다.

(『남회귀선』)

미쓰코는 다케시한테 어머니를 찾는다는 그의 목적을 재확인시켜 준다. 또 '오토바이'와 '점프수트'를 '마리안느한테 받았다'고 나카가미 겐지가 기술한 부분도 중요한다. 캠벨 역시 주인공을 보호하는 옷을 제공하는 것은 보호자의 역할이기도 하다고 파악했다.

예를 들어 동아프리카 탕가니카에 사는 와차가 부족에게는 희망을 잃고 해가 뜨는 나라로 떠난 키아짐바라는 이름의 매우 가난한 남자 이야기가 전해져 내려온다. 긴 유랑 생활로 완전히 지쳐버린 키아짐바가 희망을 잃고 망연자실하여 서 있는데, 뒤에서 누가 다가오는 소리가 들렸다. 돌아서서 살펴보니 키가 작고 비칠거리는 노파가 있었다. 노파는 다가오더니 뭐하고 있냐고 물었다. 자초지종을 설명하자 노파는 자신의 속옷을 벗어 키아짐바의 몸을 감싸고 대지에서 날아올라 그를 하늘 꼭대기로 데려갔다.

(『천의 얼굴을 가진 영웅』)

작가 나카가미 겐지는 마리안느에게도 이와 같은 보호자 성격을 부여하면서, 여동생인 미쓰코에게 더 적극적으로 그 역할을 맡겼다. 미쓰코는 다케시가 가진 '어머니 찾기'라는 목적에 추가로 마리안느의 혼을 구제하는 목적도 덧붙이다. 그리고 그 후 그녀 자신이 다케시와 함께 행동하는 것을 보면 증여자가 자신을 조력자로 제공하는 전개가 채용되었음을 알 수 있다.

이처럼 캠벨의 틀에 따라 해석해보면 이 미쓰코란 캐릭터는 매우 중요한 존재가 된다. 하지만 실제 『남회귀선』에서 미쓰코의 캐릭터는 그다지 존재감이 없다. 솔직히 말하자면 나카가미가 이 캐릭터를 잘 살려내지 못했다고도 할 수 있다.

STEP4 첫 경계의 통과

주인공은 자신의 목적을 자각하고 출발하기로 결심한다. 목적지가 '경계'의 건너편이란 사실은 이미 살펴본 바와 같다. 『남회귀선』에서는 다케시 앞에 과거 아버지와 대전했던 복서 야마나카 울프라는 사내가 나타나 이토 신잔이 요코하마 중화가中華街 면청루에서 기다린다고 전해준다. 그리고 다케시는 지정된 장소로 향한다.

다케시와 미쓰코가 검은 옷을 입은 남자 뒤에 선다. 다케시와 미쓰코 뒤에 검은 옷을 입은 두 명의 남자들이 달려온다.

다케시 뒤에서 "면청루는 이 안쪽에 있다"는 목소리가 들렸고 남자는 다케시 앞에 선다. 야마나카 울프. 서킷에 있던 남자. "자, 어서 가시오. 신잔 선생님이 기다리십니다." 남자는 앞장서서 걸어간다.

(『남회귀선』)

이 야마나카 울프라는 캐릭터는 캠벨이 생각했던 '경계 문지기', 즉 게이트키퍼 캐릭터이다.

인격화된 선도자나 보호자에게 운명을 맡기면서 영웅은 거대한 힘을 지배하는 지배권의 입구를 지키는 '경계 문지기' 앞에 도착할 때까지 모험을 지속한다. 경계 문지기는 영웅이 현재 활동하고 있는 영역 혹은 지평의 한계를 상징하는 세계의 사방(천상계와 지하계까지도 포함하여)의 경계를 나타낸다. 경계 문지기를 넘어선 곳에 미지와 위험을 품은 어둠이 존재한다. 마치 부모의 눈이 닿지 않는 곳에 아이들의 위험이, 그리고 사회의 보호를 넘어선 곳에 종족 구성원의 위험이 기다리고 있는 것과도 같다.

(『천의 얼굴을 가진 영웅』)

야마나카 울프가 '경계 문지기'로서 서 있는 '문'의 건너편이 '사회의 보호 밖에 있는' 장소, 즉 이토 신잔이 지배하는 어둠의 세계라는 뜻이다.

STEP5 고래 태내

주인공이 경계를 넘는다는 것은 주인공이 재생으로 향하는 과정이고, 그렇기 때문에 경계의 이미지는 모태의 이미지와 중첩된다고 캠벨은 말한다. 디즈니 애니메이션 〈피노키오〉에서 고래에게 먹힌 에피소드를 거쳐 피노키오가 인간으로 다시 태어나는 것처럼, 신화 속의 영웅은 거대한 생물에게 먹힌 다음 재생된다. '고래 태내'를 통과하는 단계는 이토 신잔이 지배하는 면청루로 향하는 부분에 해당된다.

> 면청루는 입구가 동굴과도 같았다. 깊숙하게 폭 3미터 정도의 통로에 고가의 관음보살 항아리, 종규[21] 모양의 동상, 호랑이 모양 도자기 등이 늘어서 있다. 도자기 위에 조명인지 장식이 붙어 있는 마름모꼴 램프가 있다. 양초에서 떨어지는 촛농 모양으로 종유동굴처럼 굳어 있었다.
> (『남회귀선』)

다케시는 진나라 시황제가 총애했던 호랑이 모양 도자기가 늘어서 있는 통로를 지나 안쪽 거실로 나아간다.

> 안쪽은 입구나 통로에서는 상상도 할 수 없을 만큼 밝았고, 베이징에 있는 자금성의 응접실 같은 넓이와 호화로움이 가득했다. 미소녀, 미청년 웨이터들이 옆에 줄지어 서 있었다. 한쪽 벽 전체에 대나무 그림과 극장 무대에 있을 법한 막이 있고, 조각이 새겨진 의자가 있다. 양 씨는 다케시의 손을 잡은 채 그 안으로 걸어간다.
> (『남회귀선』)

경계를 통과하는 과정이 종료되고, 드디어 건너편의 세계로 다케시가 도착한 것이다. 그곳은 말하자면 죽은 자死者의 세계이자 미지의 세계이다.

어른이 되는 과정으로서의 이니시에이션

여기서부터 캠벨이 '제2막 이니시에이션'이라고 캠벨이 부른 과정이 개시된다. 건너편 세계에서 주인공은 지금까지와는 다른 무언가로 변화되어 간다(대부분의 경우에는, 넓은 의미에서 아이가 어른으로 변화하는 것이다).

STEP1 시련의 길

건너편에서 주인공을 기다리는 것은 주인공의 성장을 조건 짓는 시련이다.

> 일단 경계를 넘은 영웅은 이상하게 유동적이고 모호한 꿈같은 세계로 발을 들이게 되고 계속해서 이어지는 시련을 견디며 나아가지 않으면 안 된다. 신화와 모험에서 가장 볼거리를 제공하는 부분이 이 국면이다. 이 고난으로 가득 찬 이상야릇한 시험이나 시련을 주제로 많은 문학이 탄생했다. 영웅은 이 영역에 들어가기 전에 만난 초자연적인 보호자의 충고나 부적, 밀사 등의 도움을 받는다.
>
> (『천의 얼굴을 가진 영웅』)

오늘날 영화나 소설, 만화에서 이야기의 중심을 이루는 것처럼 보이는 부분이 바로 이 부분이다. 이 부분은 프로프가 말한 31가지 기능 중에서 '12. 선행 행동' '13. 주인공의 반응' '14. 마법 도구의 획득'에 해당된다. 마법민담이나 영웅신화에서는 한 번이나, 혹은 정석대로라면 세 번 반복될 때도 있지만, 가끔씩은 '모모타로가 세 마리의 동물을 차례차례 만난다'는 식으로 단순한 경우도 있다. 한편 요즘 만들어지는 이야기에서 이 과정은 아주 상세히 그려지는데, 주간 연재되는 만화나 컴퓨터 게임에서는 계속 반복되기도 한다고 언급한 바 있다. 『남회귀선』도 그 점에서는 마찬가지이다.

『남회귀선』에서 최초로 등장하는 시련은 앞 장에서 살펴본 것처럼 마이크 타이슨과의 권투 대결이다. 이 작품이 문예비평가들을 곤혹스럽게 한 이유는 이처럼 느닷없이 마이크 타이슨이 등장하는 '뻔한' 전개가 계속해서 나오기 때문이다. 하지만 이야기론에 따라 스토리를 전개하려고 한 나카가미 겐지에게 캐릭터란, 무엇보다도 '기능'에 걸맞아야 하는 존재이다. 이 부분에 등장하는 타이슨은 기껏해야 게임에서 주인공이 쓰러뜨리는 중간 보스 정도의 캐릭터일 뿐이다.

울프가 "신잔 선생님은 누구를 대전 상대로 데려왔나? 눈이 나빠 얼굴이 잘 보이질 않는다."라고 묻는다.

"타이······슨······. 헤비급 챔피언이었던 타이슨." 미쓰코가 말한다.

"아아." 절망하듯 울프는 허공으로 눈을 돌리고 다케시의 어깨를 손으로 감싸며 "가라"라고 말한다.

"때려눕혀라. 링에 쓰러뜨려. 상대방이 아무리 강해도 이겨낼 수밖에 없다. 이기면 문이 하나 열린다."

이토 신잔이 손을 든다.

(『남회귀선』)

즉, 다케시가 '이겼을 때 문이 열리는' 기능 하나만을 위해 타이슨은 존재하는 것이다. 그 이외의 속성은 불필요하다. 타이슨과의 시합은 이토 신잔과 청나라 귀족이 다케시와 청나라 후예인 소녀(앞서 언급했듯 이 소녀한테도 양귀비라는 뻔하디 뻔한 이름이 붙어 있다) 두 명을 귀족들의 야망인 청나라 부흥의 도구로 삼느냐, 신 대동아 공영권을 꿈꾸는 이토 신잔의 도구로 삼느냐 하는 도박의 의미도 있다. 다케시는 승리하고, 말하자면 아이템에 해당하는 양귀비를 얻게 된다.

이토 신잔이 "잘했다"라고 말하며 일어선다. "자, 데려와라." 이토 신잔은 안쪽에 대고 명령했다.
벽이 열린다.
잘 차려입은 면청루의 주인이 천으로 얼굴을 가리고 결혼 의상을 입은 여자를 데려왔다.
"자, 가서 손을 잡아줘". 이토 신잔이 다케시한테 말한다. "이 여성이 우리의 선물이고, 바로 그게 너의 비밀이다."

(『남회귀선』)

양귀비라는 캐릭터는 작중에서 감정이나 심리 묘사가 거의 없다. 그 이유는 이 캐릭터가 프로프가 말하는 마법 도구, 즉 아이템일 뿐이기 때문이다.
앞서 언급했듯이 『남회귀선』은 이후, 주인공들이 남방 모처로 가서 맥아더의 망령이라고도 할 수 있는 잭슨이라는 인물을 만나, 그곳에서도 권투 대결을 하는 것 같은데 그 전 단계에서 극화 연재가 중단되어 원작도 중단되어버렸다. 하지만 캠벨의 도식에 따라 그 다음 전개를 충분히 예측할 수 있다.

STEP2 여신과의 만남

제2막 이니시에이션은 〈스타 워즈〉를 예로 들자면 루크 스카이워커가 '아버지' 다스베이더를 쓰러뜨리는 부분에 해당한다. 다만, 캠벨은 〈스타 워즈〉에서 충분하게 전개되지 못한 레이아 공주와의 관계가 영웅신화에서는 매우 중요한 위치를 점한다고 생각한다.

> 여신(모든 여성에게 구현되는)과의 만남은 사랑(자애, 즉 운명에 대한 사랑)의 은혜를 얻기 위해 필요한 영웅적 자질을 시험하는 마지막 단계다. 이 사랑은 바로 영원성의 그릇과도 같은 생명 그 자체다.
>
> (『천의 얼굴을 가진 영웅』)

『남회귀선』에서 여신이란 서두에서 마리안느와도 겹쳐졌던 다케시의 어머니임은 두말할 필요 없을 것이다. 또한 캠벨의 주장을 받아들이자면 주인공이 여신에게 사랑을 받는지 못받는지의 여부가, 영웅이 영웅이라는 것을 증명하는 시금석이라고 한다. 스토리 상에서 아무리 신통치 않아 보이는 주인공이더라도 아름다운 이성의 사랑을 얻게 되면 주인공일 수 있다는 뜻이다. 주인공의 매력이란 어디까지나 작중인물을 통하여, 그 작중인물의 시선으로 설명되지 않으면 안 된다.

다케시가 승리하여 손에 넣은 양귀비는 어디까지나 아이템이다. 이야기의 구조상 아마도 캠벨이 말하는 여신, 즉 주인공이 얻어야 할 여성으로는 생각되지 않는다. 또 다케시는 이토 신잔이 마련한 도박의 결과 양귀비를 손에 넣는 것이므로 이 시점에서 이토 신잔의 구조상 기능은 증여자일 뿐이라는 뜻이기도 한다. 하지만 이토 신잔은 최종적으로 다스베이더와 같은 존재일 거라는 점은 앞 장에서 살펴본 바와 같다.

STEP3 유혹자로서의 여성

여신과 주인공이 맺어진다. 오이디푸스 신화에서 어머니와 간음한 부분이 이에 대응한다. 캠벨에 의하면 주인공은 여신과 간음함으로써 일종의 '어머니 살해', 즉 모친으로부터 정신적 자립을 행하게 된다고 한다. 〈스타 워즈〉에서 여신 캐릭터가 거의 강조되지 않는 이유는 애시당초 루크의 어머니에 관한 언급이 거의 없다는 점과도 연관이 있다.

그에 반해 『남회귀선』에서는 주인공의 목적이 어머니를 찾는 것이라는 것에서도 알 수 있듯이, 주인공이 모성에 강하게 속박되어 있다. 그 때문에 모자상간母子相姦적인 전개가 될 것임을 충분히 예상할 수 있다. 『남회귀선』이 선택할 수 있는 또 하나의 가능성이라면, 그런 '어머니의 유혹'을 한 번 거치지만 최종적으로 주인공이 '어머니 살해'(실제로 다케시가 어머니를 죽일 것인지, 아니면 어디까지나 상징적으로 죽일 것인지는 제쳐두고)를 달성하고 본래 만나야 하는 여신(예를 들어 다케시와 행동을 함께 하고 있는 미쓰코)과 맺어진다는 전개도 충분히 있을 수 있다.

STEP4 아버지와의 일체화

루크 스카이워커에 의한 '다스베이더 살해'가 이 부분에 해당된다. 많은 영웅신화에서 영웅은 아버지를 죽이고 자신이 아버지를 대신하게 된다. 하지만 그것은 '아버지 살해'가 아니라 오히려 '아버지와의 일체화'라고 캠벨은 말한다.

> 아버지를 만나러 가는 영웅에게 주어진 과제는, 공포를 넘어서서 마음을 열고 광대하고 냉혹한 우주에 존재하는 광기어린 수많은 비극이 '존재자'의 대권에 대해 완전히 유효하다는 진실을 깨달을 만큼 성숙해야 한다는 것이다. 영웅은 약점을 가지고 있는 삶을 초월하여, 잠시동안 높은 위치에 올라 생명의 원천을 엿본다. 그 위치에서 아버지의 얼굴을 바라보고 이해하게 된다. 이리하여 양자는 화해하게 되는 것이다.
>
> (『천의 얼굴을 가진 영웅』)

물론 〈스타워즈〉에서 루크와 다스베이더의 완전한 화해가 그려지진 않는다. 다스베이더 살해는 달성되지만 또 한편으로는 서로가 서로를 이해했다는 뉘앙스를 느낄 수 있다.

『남회귀선』의 클라이맥스는 이미 예상한 바대로 다케시의 이토 신잔 살해가 될 것이다. 하지만 그 결과 이토 신잔의 야망이 종결될지, 아니면 다케시가 이토 신잔 대신 그 야망에 빠져들어 일체화될지, 두 가지 가능성을 생각할 수 있다. 개인적으로 후자가 아닐까 싶지만 그

건 이야기론이 아니라 나카가미 겐지론이 되어버리므로 여기서는 더 이상 깊게 들어가지 않겠다.

그런데 캠벨은 아버지 살해의 신화 중의 하나로 다음과 같은 흥미로운 사례를 언급하고 있다.

오스트레일리아 원주민이 전하는 바에 따르면, 당초의 이니시에이션 의식은 젊은이 전원이 살상되는 형식으로 행해졌다고 한다. 그렇기 때문에 이 의식은 무엇보다도 명백하게 선행 세대에 의한 [후속 세대에 대하여 이루어지는] 오이디푸스적 공격의 드라마적 표현이다. 그리고 할례는 거세의 완화된 형태인 것이다. 반면 이 의식은 새롭게 떠오르는 젊은 세대의 식인 및 살부殺父 충동을 억제하는 측면과 더불어 원형적 아버지의 자비롭고 헌신적인 측면을 보여준다. 그 이유는 장기간에 걸친 이 상징적 교육 기간에 교육을 받는 자가 노인에게서 채혈한 신선한 피만 마시고 사는 시기가 있기 때문이다. "원주민은 기독교의 성찬식에 깊은 관심을 보였다. 선교사들에게 성찬식에 대해 계속 질문했고, 그것을 자신들의 피 마시는 의식에 비유했다"고 한다.

(『천의 얼굴을 가진 영웅』)

캠벨은 아버지 살해는 같은 혈통의 부자 관계에서 일어나는 경우 외에도, 하나의 공동체 안에서 신세대를 향한 구세대의 억압과 그에 대한 반격이라는 의미를 가진다고 했다. 다카미 고슌의 『배틀 로얄』이나 내가 원작을 쓴 만화 『도쿄 미카엘』은 둘 다 연장자 세대가 신세대를 일종의 통과의례로서 살육한다는 플롯인데, 이 작품들의 이야기론적 기원을 여기서 찾을 수 있을 것 같다.

STEP5 신격화

어머니와 아버지를 상징적으로 살해함으로써 주인공은 완전한 성인으로 변모한다. 프로프의 31가지 기능에서는 '변신'에 해당한다. 영웅신화에서 신격화, 즉 이 다음부터 주인공은 영웅을 넘어서 신을 향해 한발을 내딛게 된다. 하지만 그렇게까지 거창하게 생각할 필요는 없고 통상적인 이야기에서는 어른으로 성장하는 한발을 내딛었다, 새로운 자신을 찾는 실마리를 발견했다 정도의 뉘앙스로 이해해 두면 된다. 다만 『남회귀선』의 주인공은 문자 그대로 신격화될 가능성도 높다고 본다. 다케시는 스토리의 마지막에 아마도 신적인 행동을 취할 것이다.

STEP6 최종 보상

민담이나 옛날이야기라면 보물이나 납치된 공주를 되찾는 것이 최종 보상이겠지만 영웅신화에서는 그들이 모험을 한 결과 지상에 가져오게 되는 새로운 무언가(캠벨은 이것을 총칭하여 '영약靈藥'이라고 부른다)를 입수하는 부분이다. 영웅은 모험의 결과 불이나 곡물 씨앗, 혹은 술이나 우유 등을 지상으로 가져오게 된다. 그로 인하여 그는 평범한 젊은이에서 '신'으로 숭상되는 존재로 변화한다.

일상으로의 귀환

건너편에서 모험을 끝낸 주인공은 지상에 가져올 물건을 들고 '귀환'할 필요가 있다. '갔다가 돌아오는' 행위를 통해, 혹은 일상으로 다시 '통합'됨으로써 이야기는 처음으로 완성되는 것이다. 영웅이 모험의 성과로 가져온 '영약'을 들고 귀환하여 세계를 재생시키지 않으면 사명은 끝나지 않는다는 것이 캠벨의 생각이다.

STEP1 귀환의 거부

하지만 돌아오는 길이 평탄한 것만은 아니다.

> 원천을 향한 통찰[력]을 통해서든, 아니면 남성이나 여성이 인간이나 동물 모습으로 나타나는 [초자연적 보호자의] 화신이 주는 은총을 얻어서든, 영웅의 여행이 완성됐다고 하더라도 영웅에게는 생의 변혁을 가져올 전리품을 가지고 귀환하는 모험이 남아 있다. 원질신화原質神話가 완전한 원을 이루고 과부족이 없는 모습이 되기 위해서는, 영웅이 즉각 예지의 룬 문자를, 황금 양털을, 혹은 잠자는 미녀를 인간의 왕국으로 데려올 준비를 시작해야 한다. 인간의 왕국에 영웅이 가지고 돌아온 선물은 공동체, 민족, 지구, 심지어는 일만一萬 세계를 재생시키는 데에 기여할 것이 분명하다. 그러나 영웅이 이러한 책임을 완수하지 못한 예는 많다.
>
> (『천의 얼굴을 가진 영웅』)

신화에서 영웅 자신이 귀환할까 말까 주저하는 경우를 자주 볼 수 있다. 예를 들어 우라시마 타로가 용궁에서 시간이 흐르는 것을 잊어버리는 것과 비슷한 내용이 여러 신화에 존재한다. 또는 잔당에게 붙잡히는 등 귀로에 곤란한 일이 설정되어 있는 경우도 있다. 이 부분과 다음에 이어지는 '주술적 도주' 부분은 프로프의 31가지 기능에서도 찾아볼 수 있다.

STEP2 주술적 도주

주인공은 추격자를 물리치면서 '건너편'에서 탈출하지 않으면 안 된다. 그렇기 때문에 그 '도주'에 주술적인 도구가 쓰이는 경우를 자주 볼 수 있다. 이야기 전반부에서 증여자에 해당하는 캐릭터한테 별 뜻없이 받았던 아이템이 여기에서 쓸모 있게 사용되는 경우가 가장 훌륭한 전개이지만, 신화에서는 복선도 없이 우연히 갖고 있던 물건이 아이템으로 작용되는 경우도 잦다. 주술적 도주를 가장 잘 이해하는 데에는 캠벨도 언급한 바 있는 일본 신화의 다음과 같은 부분이 도움이 될 것이다.

그 광경에 겁에 질린 이자나기는 도망쳤다. "나를 욕보였다"고 이자나미는 화를 냈다. 이자나미는 요모쓰시코메를 보내 그를 뒤쫓게 했다. 이자나기는 열심히 도망치면서 구로미카즈라(일종의 머리 장식)를 집어던졌다. 그러자 갑자기 포도 열매가 열렸다. 이자나기는 추격자가 그것을 먹고 있는 동안 서둘러 도망쳤다. 하지만 다시 쫓기게 되어 잡힐 듯한 상황이 되었다. 이번에는 오른쪽 귀 옆의 머리카락 부분에 꽂고 있던 유쓰쓰마쿠시 빗(손톱 모양의 촘촘하고 신성한 빗)의 날 하나를 뽑아 던졌다. 그러자 갑자기 죽순이 솟았다. 추격자가 그것을 뽑아 먹는 동안 이자나기는 도망쳤다.

    그러자 이자나미는 여덟 명의 천둥신에게 천오백 명의 황천군대를 데리고 쫓아가도록 시켰다. 이자나기는 도망치면서 차고 있던 돗카 검(일본신화에 등장하는 장검)을 뽑아 추격자들을 향해 휘둘렀다. 하지만 전사들은 계속해서 쫓아왔다. 이승과 저승의 경계를 지날 때쯤, 이자나기는 그곳에 열려 있던 복숭아 세 개를 따서 쫓아오는 군사들을 향해 던졌다. 이승에서 던진 복숭아를 맞은 황천의 군사들은 모두 쏜살같이 도망쳐버렸다. 마지막으로 이자나미 자신이 쫓아왔다. 그러자 이자나기는 엄청난 힘을 내어 바위를 들어 올려 길을 막았다.

『천의 얼굴을 가진 영웅』

    도망치면서 차례차례 아이템을 던진다는 이 내용은, 사실 일본의 도시전설에 등장하는 '입 찢어진 여자'[22]로부터 도망치기 위해 캔디를 던진다거나 '포마드'라고 세 번 외친다거나 하는 것과 동일한 구조이다. 도시전설도 구전되는 과정에서 '이야기의 구조'에 따라 다듬어지는 것이다. 이자나기는 이 세상과 저승 사이에 명확한 경계선을 만든 것이다. 말하자면 이자나미가 죽은 모습과 대치함으로써 '죽음'이라는 현실을 지상에 가져왔다는 뜻이기도 한다.

STEP3 외부로부터의 구조

주인공은 자력으로 도주하려고 하지만 경우에 따라서는 "외부에서 도움을 얻어 초자연적인 모험에서 도망쳐 돌아오지 않으면 안 된다"고 캠벨은 말했다. 주인공은 저승에 있으니 이쪽 세계에서 재생시키려면 일종의 '산파' 역할이 필요한 것이다.

참고로 제3막의 STEP1-3은 할리우드 영화에서 자주 채용되는 내용이기도 하다. 예를 들어 다음과 같은 결말은 사이코 서스펜스 드라마에서 여러 번 본 적이 있을 것이다.

주인공은 행방을 찾던 진짜 범인을 드디어 발견하고 사살한다. 대개의 경우에는 주인공의 아내나 가까운 인물이 이 범인한테 습격당했기 때문에 주인공이 구출하러 간다는 내용이 그 직전에 있었을 것이다.

주인공은 위기일발의 상황에서 범인을 쓰러뜨리고 아내를 꽉 끌어안는다. 하지만 죽은 줄 알았던 범인이나 그 동료가 살아 있어서, 땅에 떨어져 있던 총을 다시 주워 주인공에게 겨눈다(귀환의 거부).

하지만 주인공과 아내는 그런 상황을 모른다. 그런데 아내의 눈에 보이는 거울에 그 장면이 비친다(주술적 도주).

아내는 껴안고 있던 남편 허리의 권총을 엉겁결에 뽑아 범인을 쏜다(외부로부터의 구조).

서스펜스물이 아니더라도, 몬스터가 나오는 호러 계열의 영화에도 괴물을 쓰러뜨리고 한숨 돌리자마자 그 괴물 안에서 다시 또 괴물이 튀어나온다거나 하는 내용이 자주 보이지만, 그런 것들도 이 STEP1~3을 원용한 것이라고 할 수 있다.

캠벨은 귀환하기 직전, 즉 건너편과 이쪽 편의 경계를 다시금 넘어올 때 주인공이 건너편 세계에서 한 번 죽지 않으면 안 된다고 한다. 디즈니랜드의 어트랙션에 공통적으로 '갔다 오는' 기본 구조가 있다는 점도 이와 같은 이유에서이다. 예를 들어 〈백설공주〉에서는 밖으로 나가기 직전에 마녀가 커다란 돌을 떨어뜨리는 상황이 있다. 마찬가지로 〈캐러비안의 해적Pirates of the Caribbean〉에서는 밖으로 나가기 직전에 관람객에게 총구가 향하고, 〈크리터 컨트리Critter Country〉에서는 마지막 부분에서 탑승한 차량이 통째로 폭포로 떨어진다. 또 〈헌티드 맨션The Haunted Mansion〉에서는 유령이 탄 차량이 '밖'으로 향해 있다. 이것들은 전부 '귀환'과 관련되어 건너편에서의 '죽음'의 위기를 상징하는 내용이다. 그리고 디즈니랜드 일본 진출을 맡은 컨설턴트 중 한 명이었던 문화인류학자 노토지 마사코는 이런 장치가 디즈니 어트랙션의 기본 구조를 표현한 '잇츠 어 스몰 월드'라는 문구에 나타나 있다고 지적했다.

피날레에서 언어가 영어로 통일되는 것에 호응하듯 인형들의 민속의상도 이 시점에서는 색채를 잃고 같은 흰색 계열로 통일된다. 여기에서 드디어 국적도 민족성도 그리고 부모도 모르는, 말하자면 이 세상에 탄생하기 전 태아의 유토피아가 출현한다. 걱정이 없던 옛날에 대한 노스텔지어, 무구한 어린 시절로 돌아가고 싶다는 회귀본능은 디즈니랜드의 중심에 있는 작은 자궁 속에서 이처럼 멋지게 마무리지어지는 것이다.

『디즈니랜드라는 성지』, 노토지 마사코 지음, 이와나미쇼텐, 1990)

일본 문화권에서도 흰색이 재생을 뜻한다는 이야기는 나의 스승 중 한 분이신 미야타 노보루도 지적한 바 있다. 미야타는 텐노天皇의 즉위 예식인 '마토코오후스마'에도 흰색이 재생의 빛으로 사용되고 있다고 말하며, 다음과 같은 하야카와 고타로의 지적에 대해 언급했다.

"무엇인가가 태어날 때에는, 모든 장식을 순백색으로 하지 않으면 태어나지 않는다고 생각했던 것입니다. 우리들이 거슬러 올라갈 수 있는 한 산실은 순백색이었습니다. 8월 삭일朔日에는 여자가 시로무쿠[23]를 입었습니다. (중략) 그 다음에는 유녀만 남았습니다만 제례에 관련된 여자는 전부 간 것 같습니다. 즉, 성년이 되기 전 몸가짐을 단정히 하는 제계의 표시이자, 여자가 되어 다시 태어나는 의식이니까 산실을 하얗게 만드는 것처럼 시로무쿠로 몸을 감쌀 것입니다."

(하야카와 고타로 전집 제2권 수록 『꽃축제』 후편 발문 중에서)

하얀 공간, 그리고 의식 참가자 자체가 시로무쿠라는 흰 옷을 입는 것은 재생, 즉 '우마레키요마리ウマレキヨマリ'를 의미하는 것이다. '잇츠 어 스몰 월드'는 일본의 민속 신앙과도 호환성이 있다고 할 수 있다. 하지만 현재의 도쿄 디즈니랜드는 흰색이 가진 상징적인 의미를 알지 못했는지 해당 어트랙션 마지막 부분에 나오는 인형은 흰색이 아니라 하늘색이다. 아마도 흰색은 화사하지 못하다고 생각한 듯하다.

STEP4 귀로 경계의 통과

주인공은 건너편에서 죽고, 그 후에 다시 이쪽 세계로 돌아오게 된다.

STEP5 두 세계의 스승

캠벨의 주장에는 약간 동양사상에 경도된 듯한 경향이 있어서, 주인공이 일종의 깨달음을 얻는다.

> 오랫동안 정신 수행을 한 개인은 자신의 한계, 개성, 희망, 공포에 대한 집착을 내려놓게 된다. 그러면 진실을 깨닫고 거듭나는 데에 꼭 필요한 자기소멸에도 저항하지 않고, 마침내 [초월적인 것과의] 위대한 '일체화(at-one-ment)'의 기운이 무르익는다. 개인적 야심이 완전히 없어졌기 때문에 그는 삶에 대한 집착에서 벗어나 자신 속에서 무슨 일이 일어나더라도 기쁘게 몸을 맡기게 된다. 바꿔 말하자면 존재하지 않는 존재가 되는 것이다.
>
> (『천의 얼굴을 가진 영웅』)

하지만 이것은 어디까지나 영웅신화의 주인공들이 신격화함으로써 도달하게 되는 운명이다. 현대적인 이야기에서는 주인공이 아내나 동료로부터 신뢰받을 만한 인물로 받아들여지고, 주인공 자신의 자기실현도 완료에 가까워지는 상태라고 할 수 있다.

이리하여 영웅의 신격화는 종료된다. 〈스타 워즈〉에서는 루크가 신격화까지는 되지 않는다. 그 점이 신화와 현대적인 이야기의 차이

점이다. 현대적인 이야기에서 주인공은 영웅이나 신이 아니라 넓은 의미에서 어른이 되는 것이라고 할 수 있다.

영웅신화의 기본 구조

이로써 영웅이 '갔다가 돌아오는' 이야기가 끝난다. 캠벨은 3막으로 구성된 정리와는 별개로 영웅신화의 구조를 다음과 같이 요약했다.

> 그때까지 살아온 집이나 성에서 떠난 신화 속 영웅은 모험을 떠나 유혹당하거나 납치되어 경계에 이른다. 혹은 스스로 나서서 여행을 시작한다. 거기에서 영웅은 길을 막는 그림자와 같은 존재와 만난다. 영웅은 그 존재의 힘을 꺾거나 억눌러서 살아 있는 채로 어둠의 왕국으로 들어가거나(형제의 분쟁, 용과의 격투, 공양, 마법) 적에게 살해당하여 죽음의 세계로 내려간다(능지처참, 책형). 이리하여 영웅은 경계를 넘어 미지의 세계, 그러나 기묘할 정도로 익숙한 [초월적인] 힘이 지배하는 세계를 여행하게 되는 것이다. 초월적인 힘이 있는 존재로부터 위협을 당하기도 하고(시험), 어떤 존재에게는 초자연적인 도움을 받기도 한다(구원의 손길). 신화적 원환의 가장 밑바닥에 이르면 영웅은 가장 혹독한 시련을 겪고 그에 대한 보상을 얻게 된다. 이 승리는 세계의 어머니인 여신과의 성적 결합(신성한 결혼), 아버지인 창조자에게 승인(아버지와의 일체화), 스스로 성스러운 존재로 이행(신격화)하는 것으로서 나타난다. 혹은 반대로, 적대적 세력이 영웅에게 적의를 가진 상태라면 영웅이 막 얻으려고 하는 은총을 탈취(신부 납치, 불 훔치기)하기도 한

다. 이런 승리야말로 본질적으로는 자기 존재의 확장(계시, 변모, 자유)임이 분명하다. 이제 남겨진 과제는 귀환이다. 초월적인 힘이 영웅을 축복한다면, 영웅은 보호를 받으며 (초월적인 힘의 특사로서) 출발할 것이고, 그렇지 않다면 도망쳐서 추적을 받는 몸이 될 것이다(변신한 상태로 도주, 방해를 받으면서 도주). 귀환의 경계에 다다르면 초월적인 힘은 그의 뒤에 남아야만 한다. 그리하여 영웅은 무서운 왕국에서 다시금 이 세상으로 돌아온다(귀환, 부활). 그가 가지고 돌아온 전리품은 세상을 부활시킨다(영약=엘릭시르elixir).

(『천의 얼굴을 가진 영웅』)

캠벨의 요약문에는 3막의 해설에서 언급하지 않았던 과정도 포함되어 있다. 불사약이라고 하는 것은 제2막 STEP 6으로 표시했던 '최종적 보상'인데, 영웅이 이쪽 세계에 가져오는 무언가를 말한다. 신화에서는 불이나 곡물의 씨앗이고, 현대적인 이야기라면 세계나 가족의 평화와 안정 등이 될 것이다.

캠벨은 이렇게 '갔다가 돌아오는' 과정을 〈그림 9〉와 같은 원으로 나타냈다. 캠벨의 '단일신화론'은 사실 고금의 신화를 조금씩 끼워맞춘 '합성 신화'인데, 이 점은 본인도 인정했다. 실제 신화는 이런 내용의 일부가 단독으로 존재하는 경우가 많다. 그런 점에서 프로프의 31가지 기능을 하나도 빠짐없이 전부 갖춘 마법민담이 오히려 예외적이라 할 수 있다.

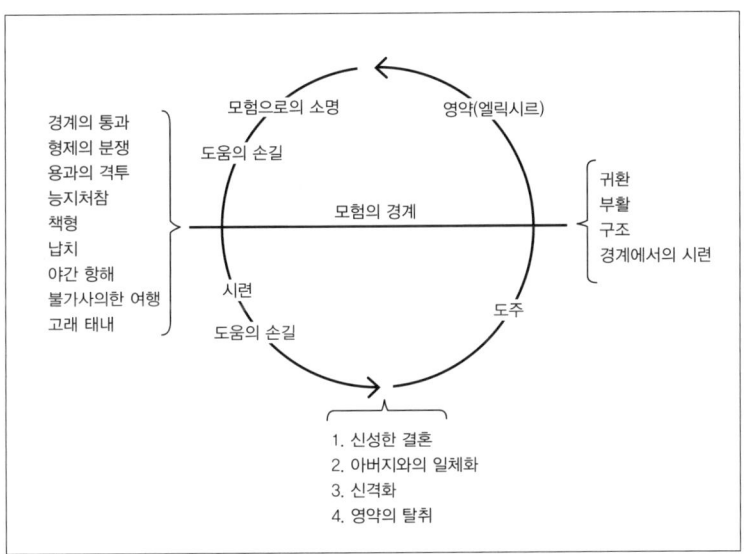

그림 9 『천의 얼굴을 가진 영웅』에서 인용

4장 전 세계 신화는 동일한 구조로 이루어져 있다

구조는 동일하지만 외견은 완전히 다른 이야기

조지 루카스가 〈스타 워즈〉 시나리오를 제작할 때 캠벨의 '단일신화론'을 채용했다는 것 자체가 지금에 와서는 하나의 '신화'로 여겨진다. 그리고 그 신화가 결과적으로 이야기론이라는 영역의 운명을 크게 변화시켰다. 즉 이야기론을 창작론에 전용시킨 것이다. 물론 정확하게 말하자면 레비-스트로스 등으로 대변되는 구조인류학이 프로프의 이야기론을 재평가한 1970년대, 프랑스를 중심으로 교육 현장에서 응용하려는 시도가 먼저 있었다. 일본에서도 내가 『이야기 체조』를 쓰는 데에 있어 이론적 근거로 삼았던 우치다 노부코의 연구가 있었다. 이 연구는 아이가 이야기를 만드는 능력을 어떻게 습득해가는지에 대한 실험심리학적 접근이었다. 예를 들어 카드를 보여주고 아이에게 이야기를 만들어보라고 하는 실험은 카드에 이야기의 최소 단위라는 개념을 부여해놓고, 아이가 그것을 조합하는지, 즉 '구조'화시키는지의 여부에 따라 이야기를 만드는 능력이 있는지 검증하는 형식이었다. 이야기가 어떻게 학습되는지 검증하는 것은 바꿔 말하면 그것이 학습 가능한 능력인지를 입증한다는 의미이다. 나카가미 겐지도 『현대 소설의 방법』이라는 책에서 논했지만, 소설을 쓴다는 행위를 블랙박스에 넣어 두고 신비화하고 싶어 하는 일본문학 작가들의 사고방식을 무효화하는 시도였다고 할 수 있다. 이야기론을 창작에 사용하는 방법론 중에 미셸 시몬센이 소개한 F. 드비제르의 실험은 무척 흥미롭다.

> 프로프의 방법을 교육에 응용하려는 시도는 아주 많다. 그중에서도 가장 재미있는 것은 F. 드비제르의 경우다. 그는 단순한 분석에 머무르지 않고 창조로 넓혀갔다. 학생들에게 제시된 이야기를 기능으로 분해하도록 시키는 것이 아니라, 자유롭게 배리언트[1]를 개발하여 인공적으로 이야기를 창작하도록 했던 것이다. 주어진 기능들에 대해 배리언트의 수는 이론적으로 무한하다.
>
> (『프랑스 민담』)

사실 이 몇 줄의 문장 안에 이 책에서 말하고자 하는 바와 실천 방법이 거의 다 들어 있다. 나는 프랑스어를 못하기 때문에 드비제르의 논문 「1001가지 이야기 타로카드」를 읽어보지는 못했다. 내가 이해한 바에 따르면 그는 민담이나 현대적인 이야기를 분석해서 단순히 그것이 어떠한 '기능'의 구성으로 만들어져 있는지를 밝히는 것이 아니라, '기능의 목록', 즉 지금까지 살펴본 프로프의 31가지 기능이나 캠벨의 단일신화 구조 등 추상적인 구조를 제시하고, 그것을 이용하여 배리언트(구조는 동일하지만 외견은 완전히 다른 이야기)를 창작하도록 했다.

루카스나 캠벨이 드비제르의 실험을 알고 있었는지는 모르겠지만, 그런 발상과 나카가미 겐지가 『현대 소설의 방법』에서 보여준 사고방식은 다르지 않다.

이야기의 인과율

이제 와서 생각해보면 1980년대는 커다란 이야기의 종언終焉, 즉 포스트모더니즘적인 사조가 널리 영향을 미쳤던 시대였다. 마치 그것을 입증하려는 듯 소비에트 연방이 붕괴됐고 또한 이 작은 섬나라에서는 쇼와 천황의 죽음으로 그런 사태가 최종적으로 입증됐다는 것이 그 시대를 살아온 우리 세대가 받은 인상이었다.

그런데 예를 들어 『캐릭터 소설 쓰는 법』에서 내가 말했던 것처럼 이라크 전쟁이라는 근거 없는 전쟁에 대한 사람들의 비판 능력을 빼앗았던 것은 그 전쟁이 할리우드 영화 문법대로 진행되었다는 것, 즉 전쟁을 해석하는 사고가 경제나 사상이 아니라 '이야기론적인 인과율'로 바뀌어버렸다는 것이다. 드디어 인과응보가 돌아오고 있는 '고이즈미 개혁'에서도 국민들이 열광적으로 지지했던 '우편 선거²' 역시도 이라크 전쟁과 똑같은 이야기 구조였던 것이다. 말하자면 양자는 이야기론적으로 '배리언트'였다는 것이다.

여기에서 주의해야 할 것은 이야기라고 하면 우리들은 어떤 정서적인 무엇으로 받아들이지만, 앞서 살펴본 바와 같이 이야기란 하나의 이론 구성, 즉 인과율이라는 점이다. 이야기라고 하는 인과율의 특성은 롤랑 바르트가 과거 「잡보雜報의 구조」라는 에세이에서 설명한 내용이 가장 알기 쉬울 것이다. 소위 '3면 기사'가 이해하기 쉬운 이유는 그 안의 정보가 이야기로서 완결되어 있기 때문이며, 더군다나 3면 기사 이외의 정보를 미리 알아둬야 할 필요가 없기 때문이다. 또한 세계가 복잡해질수록, 그 세계를 이해하는 번잡함을 견디지 못하고 이해하기 쉬운 이야기론적 인과율이 지지받기 마련이다. 오늘날이 바로 그렇다.

게다가 인터넷에서 뉴스가 어떻게 보도되는지를 살펴보면 알 수 있듯, 모든 뉴스가 같은 글자수의 최소한의 정보로 정리되면서 그 뉴스가 배치되는 맥락이나 세계관을 오히려 읽어내기 힘들어졌다. 단편화된 정보는 그 자체로 의미를 가지지 못하고, 프로프가 말하는 '기능'에 가까워졌다. 그렇기 때문에 정보에 대한 가장 편한 접근 방식이 이야기론적 이해가 될 수도 있다는 말이다.

일본의 이야기에는 구조밖에 없다?

1980년대는 포스트모더니즘의 도래로 인한 거대 담론의 종언이라기보다, 보다 단순화되어 이야기론적으로 부흥하는 시대였다고 할 수 있다. 1980년대 서브컬처는 ─할리우드로 보자면 캠벨과 루카스의 〈스타 워즈〉, 게임 영역에서라면 톨킨에서부터 〈던전 앤 드래곤〉을 거쳐 컴퓨터 게임까지가─ 이야기론적으로 이야기를 부흥시켰다고 할 수 있다. 일본에서는 컴퓨터 게임이 등장하기 이전인 80년대 초반에 미야자키 하야오의 『바람 계곡의 나우시카』, 야스히코 요시카즈[3]의 『아리온』 등 판타지 만화 작품이 작가들의 자각과는 별개로 이야기론적 구성을 가지고 있었고, 그것은 역시 오에 겐자부로나 나카가미 겐지가 일제히 이야기론적으로 창작 활동을 시작한 사태와 같은 선상에 있다.

　이러한 맥락에서 1989년 하스미 시게히코[4]가 『소설로부터 멀리 떨어져』를 통해 순수문학에서 대중 소설에 이르기까지 다양한 소설 영역에서 마치 프로프가 말한 구조의 '배리언트'처럼 동일한 이야기 구조가 반복되는 것에 짜증을 냈던 사실, 그리고 90년대에 접어들어 가라타니 고진[5]이 무라카미 하루키에서 『드래곤볼』[6]에 이르는, 범세계화된 일본의 서브컬처적인 것에 대해 "구조밖에 없지 않은가"라고 단언했던 의미를 파악할 수 있다. 그것은 거대 담론의 붕괴를 속죄하듯이, 거대 담론을 가능하게 만들었던 이야기 구조의 부흥이 병행해서 일어난 것으로 받아들여야 할 것이다. 나카가미 겐지도 그와 같은 '구조밖에 없는 것'을 향해 나아갔다고 할 수 있다.

　앞서 언급한 가라타니 고진이 범세계화된 일본의 이야기에는 구조밖에 없다고 단언한 사실의 의미는 매우 중요하다. 결국 어떤 작품 안에서 문화권이나 국경을 넘어 전달되는 부분은 무엇보다도 그 작품의 '구조'라고 생각한다. 나는 소프트웨어 이외의 세계가 이야기론화되어가는 것에 대해 이야기를 만드는 작가의 입장에서 당연히 비판적이고, 그렇기 때문에 이야기론은 그와 같은 사태에 대한 비평이론으로서도 부흥되어야 한다고 본다. 그런 의미에서 가라타니 고진의 지적은 좀 더 깊이 파고들 필요가 있다. 가라타니 고진은 여기에서 구조라는 말을 이야기론적인 구조에 한정해서 논했지만 덧붙이자면 만화나 애니메이션은 두 가지 부분에서 구조화되어 있다.

우선 데즈카 오사무가 말한 대로 '그림'이 곧 '기호'라는 점. 데즈카 오사무는 만화의 그림이 상형문자나 기호와 같은 최소 단위를 조합해서 만들어지는 것이라고 말했다. 그것은 2차 세계대전 이전에 일본으로 유입되었던 쿨레쇼프, 에이젠슈타인의 몽타주 이론의 용어와 논리를 차용한 것이다. 데즈카 오사무는 만화의 그림도 '몽타주', 즉 '구성'이라고 생각했다.

1920년 전후 범세계적인 모더니즘화의 근저에는 '구성'이라는 사고방식이 있었다. 2차 세계대전 이전의 일본은 소련을 통해 이와 같은 사상의 세례를 받았다. 일본 만화의 작화론이 근세 만화의 서식이던 약화식略畵式[7]에서 디즈니 방식으로 전환된 것은 만화의 그림을 구성으로 보는 사고가 성립하면서 가능했다(다카미자와 미치나오, 즉 다가와 스이호와 무라야마 도모요시, 야나세 마사무 등 다이쇼 아방가르드의 선두주자들이 쇼와昭和 시대에 접어들면서 표현의 장을 만화와 애니메이션으로 옮겨간 사실이 어떤 의미를 갖는지는 언젠가 별도로 긴 논문을 써서 검증할 생각이다). 한편 컷과 컷을 구성하는 몽타주는 15년전쟁 중에 만화와 애니메이션, 그리고 종이 연극[8]에 수용되었다. 이 두 가지 부분의 '구성화'는 2차 세계대전 이후에도 일본의 만화와 애니메이션을 극도로 '구조화'시켰고, 여기에 80년대에 세계적으로 일어난 '이야기의 이야기론화'라는 변화가 합쳐지면서 저패니메이션의 범세계화가 가능해졌다고 할 수 있다. 그리고 이와 같은 '구조화'의 세 가지 부분에 있어서, 할리우드와 비교했을 때 일본의 애니메이션은 미야자키 하야오 작품 등 몇 가지 예외를 제외하면 오히려 이야기의 구조화가 여전히 뒤떨어진다고 볼 수 있다.

글로벌화와 만화·애니메이션의 변모

나는 만화, 애니메이션 영역의 범세계화에 국가나 현대미술이 편승하는 것에 대해 일관되게 비판해왔고, 만화나 애니메이션을 '일본 문화'로서 특권화하려는 생각도 전혀 없다. 하지만 한편으로는 직업적인 이야기 작가로서 나의 표현이 전달되는 것에는 적극적이다. 이 두 가지 입장은 조금도 모순되지 않는다고 생각한다. '어째서 전달되는가?'라는 냉정한 해석은 저패니메이션을 그저 단순히 '일본 문화'로만 보는 시각에 대한 비판이 될 뿐만 아니라 이미 축소 일로를 걷고 있는 일본 시장의 바깥에서 우리들의 표현을 어떻게 유통시킬 것인가 하는 데에 관한 현실적 기술론이기도 하다.

마침 이 장을 쓰고 있을 때 베이징 올림픽 유도와 야구에서 일본이 패퇴하여 "올림픽 유도는 JUDO와는 별개다", "올림픽에서의 야구는 일본 야구와 비교했을 때 너무나도 이질적이다"라는 식으로 패인을 찾는 목소리가 나오고 있는데, 아마 앞으로의 만화나 애니메이션에도 같은 사태가 벌어질 것으로 예상한다. 글로벌화된 만화나 애니메이션은 일본인이 아는 만화나 애니메이션과는 어딘가 이질적인 것이 될 가능성이 있다. 아니 이미 변하고 있는 것 같다.

이런 글로벌화에 가담할 것인지, 대항해서 지역의 고유성을 고집할 것인지, 아니면 새로운 국제 표준을 제시할 것인지는 각자의 분야에서 선택해야 할 문제겠지만, 적어도 80년대 이후 이야기론을 채용하면서 할리우드가 어떤 식으로 글로벌화를 진전시켰는지에 관해서는 충분히 이해해둘 필요가 있다.

할리우드 영화의 매뉴얼을 검증하다

캠벨은 조지 루카스와의 공동 작업에 자극받았는지, 『천의 얼굴을 가진 영웅』을 발전시키고 할리우드 영화의 캐릭터론으로 유용되기 쉬운 융 학파의 원형론을 포섭하는 형태로 「영웅의 여행Hero's Journey」이라는 제목의 이야기론 같기도 하고 인생론 같기도 한 논문을 썼다. 캠벨의 저서 중에서 이 책은 구조론적 학문이라기보다 일종의 자기실현 매뉴얼과 같은 측면이 있다. 이야기는 결국 어떤 형태로든 통과의례적 사상을 반영하고 있기 때문이다. 하지만 내가 이 책에서 제시하는 것은 '사람이 어떻게 해서 이야기론처럼 살아갈 수 있는가'가 아닌(그것은 이야기론적으로 세계를 인식하는 것이 아니다), 어디까지나 작가가 이야기론적으로 이야기를 쓰기 위한 구체적인 테크닉이다.

〈스타 워즈〉 이후의 이야기론으로서는 크리스토퍼 보글러[9]의 『신화, 영웅, 그리고 시나리오 쓰기The Writer's Journey』가 좋든 나쁘든 상징적인 존재일 것이다. 이 책은 캠벨의 「영웅의 여행」론을 할리우드 영화의 시나리오 매뉴얼로 바꾸기 위한 입문서로 집필된 일종의 실용서이다. 할리우드에는 디벨롭먼트 단계 외에도 이야기에 관련된 다양한 전문직이 존재하며, 보글러도 그 중의 한 명이다. 보글러의 『신화, 영웅, 그리고 시나리오 쓰기』는 캠벨의 단일신화론을 할리우드 영화에 보다 응용하기 쉽도록 만든 매뉴얼로서 상당히 유용하다.

〈표 1〉은 프로프의 31가지 기능 및 캠벨의 『천의 얼굴을 가진 영웅』과 「영웅의 여행」에 제시된 구조의 대비이다. 『천의 얼굴을 가진 영웅』 제2막 후반 이후의 '어머니와의 간음' '아버지 살해'에 해당하

	천의 얼굴을 가진 영웅	영웅의 여행	프로프의 31가지 기능
I	1. 모험으로의 소명 2. 소명의 거부 3. 초자연적 존재의 원조 4. 첫 경계의 통과 5. 고래 태내	1. 일상 세계 2. 모험으로 초대됨 3. 모험을 거절 4. 현자와의 만남 5. 제1 관문 돌파	부재 금지 위반 정보 요구 정보 입수 책략 방조 --- 가해 혹은 결여 파견 임무 수락 출발 선행 행동 반응 획득
II	1. 시련의 길 2. 여신과의 만남 3. 유혹자로서의 여성 4. 아버지와의 일체화 5. 신격화 6. 최종 보상	6. 동료·적 테스트 7. 가장 위험한 장소로 접근 7'. 복잡화 8. 최대의 시련 9. 보상	공간 이동 투쟁 표식 승리 가해 혹은 결여의 회복
III	1. 귀환의 거부 2. 주술적 도주 3. 외부로부터의 구조 4. 귀로 경계의 통과 5. 두 세계의 스승 6. 삶의 자유	10. 귀로 11. 재생 12. 귀환	귀로 추적 탈출 은밀한 귀환 거짓 주장 난제 해결 인지 폭로 변신 처벌 결혼 혹은 즉위

표 3 프로프의 31가지 기능 및 캠벨의 『천의 얼굴을 가진 영웅』과 「영웅의 여행」에 제시된 구조상의 대비. 『신화, 영웅, 그리고 시나리오 쓰기』에 게재된 그림을 바탕으로 작성함

는 부분이나 주인공이 자기실현을 넘어 '깨달음'을 향해 가는 부분이 삭제 또는 간략화되어 있다는 것을 알 수 있다.

이 장에서는 보글러가 「영웅의 여행」을 매뉴얼화한 내용을 따라가

보면서 실제로 할리우드 영화가 어떻게 이 매뉴얼대로 만들어져 있는지 검증해보려고 한다. 검증할 작품은 폴 W. S. 앤더슨 감독의 〈레지던트 이블〉[10]이다. 두말할 필요도 없겠지만 원작은 컴퓨터 게임 〈바이오해저드〉인데, 영화의 수준은 그리 높지는 않은 것 같다. 하지만 게임을 원작으로 하고 있기 때문에 디벨롭먼트 단계에서 상당히 체계적으로 스토리를 개발하지 않았을까 싶다. 분석을 해본 바로는 캠벨과 보글러를 상당히 노골적으로 이용하고 있는 것 같은데, 메시지는 없고 이야기만 남아 있다는 인상이다. 하지만 나는 정치적인 메시지를 어정쩡하게 담는 것보다는 차라리 구조밖에 없는 텅 빈 이야기를 선호하는데, 그런 의미에서 〈레지던트 이블〉은 이야기의 구조에만 충실한 작품이라 할 수 있다. 지금부터 「영웅의 여행」의 프로세스에 〈레지던트 이블〉의 플롯을 대응시키면서 보글러의 생각을 살펴보자.

1. 일상 세계

주인공의 모험이 비일상으로 가는 여행이라면, 중요한 것은 그때 '일상'이란 무엇이고 동시에 그 일상을 곧 위협하게 될 '위험'은 어떤 것인지를 나타내는 부분이다.

〈레지던트 이블〉에서는 먼저 엄브렐러 사라고 하는 바이오 기업의 실험 중에 어떤 문제가 발생한다. 그리고 원작의 타이틀이기도 한 '바이오해저드'가 연구소에서 발생했다는 사실을 간단히 보여준다. 그 다음에 영화는 바로 히로인인 앨리스가 '눈을 뜨는' 장면으로 넘어간다. 고급스럽게 보이는 샤워룸에서 그녀가 눈을 뜬다. 실내는 호화롭게 꾸며져 있고 창을 열자 저녁노을 풍경이 보인다. 이것들은 모두 그동안 앨리스가 누려왔던 '일상'이 어땠는지를 암시하는 것이다. 하지만 빠른 속도로 '이야기의 구조'를 향해 달려가는 〈레지던트 이블〉에서는 눈을 뜬 앨리스가 기억을 잃었다는 것을 통해 이미 '일상'이 사라진, '결여'의 상태라는 것을 보여준다.

앨리스는 지하에 있는 엄브렐러 사의 연구소 입구에 위장되어 있는 이 집에서 스펜스와 함께 부부로 가장해서 경비를 담당하던 직원이었다. 그런데 지하에서 바이오해저드가 발생했고, 그 때문에 작동한 보안 시스템 때문에 기억을 일시적으로 잃었다는 설정이 점점 드러난다.

하지만 처음에는 앨리스가 남편과의 사진을 손에 드는 장면을 보여줌으로써 기억상실로 인해서 그녀의 '행복한 부부 생활'이라는 일상이 사라졌다고 관객이 잘못 생각하도록 한다. 이쯤해서 등장해야 하는 캐릭터는 주인공 외에 일상을 구성하고 있던 가족이나 친구가 될 텐데, 여기서는 '사진 속의 남편'으로 제시된 것이다. 또한 이 부분에서 주인공의 내적 문제, 즉 가족 내의 불화나 사회적인 상황, 혹은 유년기의 트라우마 등 내적인 '결여'를 보여줄 필요가 있다. 하지만 이미 살펴봤듯이 앨리스에게는 매우 알기 쉬운 결여, 즉 기억상실이 이미 발생했다. 그 결과 이야기는 앨리스가 진짜 '기억을 되돌리는 것'과 엄브렐러 사의 음모 해명이 일체화되어 진행된다.

2. 모험으로 초대됨

위기가 닥쳐오고 더 이상 일상에 머무를 수 없다는 사실이 '사자使者'나 '의뢰자'를 통해 주인공에게 알려진다. 판타지물이라면 임금이나 마을 사람이 용 퇴치를 의뢰하고, 미스테리물이라면 FBI 수사관이나 형사가 수사를 의뢰해오는 부분에 해당한다. 그보다 앞서서 일상이 곧 무너질 것 같은 불안정한 상태라는 사실을 알려주는 '전조' 에피소드가 그려지기도 하지만, 〈레지던트 이블〉에서는 서랍 속에서 앨리스가 본인도 모르는 총을 발견하는 장면으로 표현되어 있다. 그런 앨리스 앞에 갑자기 수수께끼 같은 인물인 캐플란이 출현하는 것과 동시에 특수부대가 뛰어들어 두 사람을 구속한다. 캐플란은 나중에 언급하겠지만 프로프가 논한 '증여자', 캠벨이나 보글러식 표현대로라면 '현자'에 해당하는 캐릭터이다. 특수부대는 '사자' 혹은 '의뢰자'의 역할이다. 그들은 막무가내로 앨리스를 지하로 끌고간다.

3. 모험을 거절

'모험에 초대받다'라는 부분은 주인공이 의뢰를 받고 바로 승낙하는 패턴과 사실상 강제적으로 말려드는 패턴 두 가지 경우가 있다. 하지만 어느 쪽이든 주인공이 출발하기를 주저하거나 누군가가 주인공을 만류하는 과정을 거친다. 캠벨이나 보글러가 이 단계를 중시하는 이유는 인간은 성장이나 자기실현이라는 변화를 두려워하기 때문에 그 두려움을 이겨내는 것이 자기실현의 첫걸음이라는 미국식 사고방식이 있기 때문이다.

하지만 〈레지던트 이블〉에서는 주인공이 기억상실로 상황을 전혀 파악하지 못하는 상황을 설정함으로써 이를 표현하고 있다. 앞 장에서 본 것처럼 주인공을 만류하거나 주인공이 출발하기를 주저하게 만드는 캐릭터가 등장하는 경우도 있지만 〈레지던트 이블〉에서는 채용되지 않았다.

4. 현자와의 만남

주인공을 보호하는 아이템이나 나중에 쓸모가 생기는 정보 등을 주면서 인도해주는 캐릭터, 〈스타 워즈〉에서라면 오비완이나 〈양들의 침묵〉에서 렉터 박사가 등장하는 부분이다. 앨리스는 지하로 이동하는 화물차 안에서 집에 있던 사진에 자신과 함께 찍혀 있던 스펜스와 만난다. 하지만 스펜스도 기억을 잃은 상태다. 앨리스는 똑같은 반지를 끼고 있는 것을 보고 스펜스가 '남편'일 것이라고 생각한다. 그리고 스펜스도 똑같이 강제로 특수부대와 함께 지하로 이동한다.

사실 스펜스는 진짜 '현자'는 아니다. 지하 연구소에 내려온 직후 스펜스가 앨리스한테 윗옷을 맡기는 장면이 있는데, '일시적으로 입고 있는 옷을 넘겨준다'는 것은 앞 장에서 본 바와 같이 고금의 신화에 있어서 증여자가 하는 전형적인 행동이다. 이것은 관객을 착각하게 만드는 장면으로서 스펜스가 배신할 거라는 복선에 해당한다. 캐플란은 자신을 '증여'하는 형태로 앨리스와 동행한다.

5. 제1 관문 돌파

주인공은 경계를 넘는다. 이 경계는 문, 동굴, 강, 다리 등의 형태로 표현된다. 〈레지던트 이블〉에서는 화물차를 통해 지하로 이동하는 것으로 표현했다. 스펜스는 처음부터 이 화물차에 타고 있는데 러시아 마법민담에서 이동 수단을 '증여'하는 것은 증여자의 전형적인 역할이다. 그런 의미에서도 스펜스를 증여자인 것처럼 관객들을 속이려고 하는 것을 이야기론적으로도 알 수 있다.

제1관문을 돌파할 때에 건너편은 다른 세계라는 사실을 상징적으로 보여주는 문지기, 즉 게이트키퍼 캐릭터가 등장하는 경우도 있다. 〈레지던트 이블〉의 경우, 화물차에서 내려 지하 연구소에 발을 들이면서 만나게 되는, 물 속에 떠 있는 여성의 시체가 이에 해당한다. 이 시체가 곧바로 좀비가 되어 앨리스 일행을 덮치는데, 거기부터가 말하자면 '죽은 자들의 나라'라는 사실을 알기 쉽게 보여준다.

6. 동료·적 테스트

주인공과 대치하는 적이 나타나고 한편으로는 동료가 고정되며, 그런 구도에 맞춰 주인공이 시련에 직면하게 된다. 사실 캠벨과 보글러가 하나의 항목으로 뭉뚱그려버린 이 부분은 통상적으로 영화나 만화, 게임 등에서 중심이 되는 내용이다. 동료가 고정되는 한편 적이 여러 가지 방식으로 덮쳐오는 중에 주인공이 전진하는 이 부분을 어떻게 파란만장한 이야기로 엮어낼 것인가가 요즘 이야기를 만드는 사람들의 관건이다.

그런데 〈레지던트 이블〉에서는 이 부분을 캠벨과 보글러에 맞춰 비교적 담백하게 그리고 있다. 여기서 적은 퀸이라 불리는 컴퓨터인데, 이 퀸을 다운시켜 보안 시스템을 해제하는 것이 목적으로 제시된다. 한편 앨리스 일행은 퀸이 있는 컴퓨터 실로 향하다가 통로에 설치된 덫에 걸려 동료 몇몇이 죽으면서 앨리스와 동행하는 구성원이 고정된다. 이것이 동료의 확정 및 테스트에 해당되는 에피소드이다.

7. 가장 위험한 장소로 접근

항상 주인공의 일상에서 가장 먼 장소가 여행의 목적지가 된다. '멀다'라는 것은 물리적이든 상징적이든 상관없다. 통상적인 시나리오나 소설에서는 6번에서 7번에 이르는 과정에 많은 수고를 들인다. 톨킨의 『반지의 제왕』에서 프로도가 반지를 버리기 위해 골짜기로 갈 때까지의 편도 여정이 이야기의 중심인 것처럼 말이다.

그런데 〈레지던트 이블〉에서는 앨리스 일행이 컴퓨터 퀸이 있는 장소에 금방 도착한다. 이처럼 통상적으로는 상당한 수고를 들여 묘사할 부분을 〈레지던트 이블〉에서는 캠벨과 보글러가 제시한 '구조'를 밟아가는 과정을 최소한으로만 보여주며 초고속으로 시나리오를 진행시킨다. 그 이유는 소녀의 홀로그래피로 등장한 퀸이 앨리스 일행에게 "살아서 돌아가지 못할 것"이라고 경고하면서 밝혀진다. 앨리스 일행의 목적은 '돌아가는 것'임이 드러난 것이다. 이야말로 〈레지던트 이블〉의 각본에 있어서 창의성이 돋보이는 부분이라고 할 수 있다.

7. 복잡화

어떤 시나리오에서는 이쯤에서 주인공이 한 번 실패한다든지 상황이 악화된다든지 하는 전개가 있다. 실제로 〈레지던트 이블〉은 귀로에서 그야말로 상황이 복잡해지고 좀비들이 덮쳐온다. 그리고 앨리스는 기억을 되찾지 못한 채로 초인적인 능력을 발휘한다.

8. 최대의 시련

주인공이 죽음의 위기에 빠진다. 이것은 디즈니랜드의 출구 직전에 있는 '죽음'에 해당하는 것인데, 〈레지던트 이블〉에서는 이 부분을 세밀하게 그리고 있다. 컴퓨터 퀸은 재가동되고 탈출하는 엑세스 access 코드를 넘기라고 말하지만 앨리스는 이를 거부한다. 퀸은 이야기 구조상 적에 해당하는 한편 주인공의 '그림자'이기도 하다. 그림자란 '주인공과 정반대 방향에서 자기실현을 한 존재'라고 정의된다. 앨리스와 퀸은 둘 다 엄브렐러 사가 지하 연구소의 보안을 위해 만들어낸 시스템이다. 하지만 퀸은 그 사명을 충실히 지키고 그 결과 바이오해저드에 감염된 연구소 사람들을 전부 죽이려고 한다. 그렇기 때문에 누구 한 사람도 살려보내지 않겠다는 행동을 취하는 것이다. 한편 앨리스는 백신을 손에 넣어 감염된 동료를 같이 데리고 귀환하고 싶어 한다. 또 캐플란이 엄브렐러 사를 고발하려고 했다는 것을 알게 되면서 함께 고발하기 위한 자료도 가지고 나가려고 한다. 앨리스와 퀸은 정반대의 행동을 취하는 것이다.

여기서부터 앨리스 일행이 좀비로부터 탈출하는 모습이 그려진다.

이런 와중에 스펜스가 배신하고 백신을 가지고 혼자 도망친다. 이 부분이 '최대의 시련'의 정점에 해당한다.

9. 보상

스펜스가 죽고, 앨리스는 드디어 백신과 엄브렐러 사의 음모를 파헤치는 자료를 드디어 입수한다. 스펜스가 백신을 빼앗아 탈출할 뻔하는 부분은 프로프의 31가지 기능에서 '가짜 주인공'이 모험의 성과를 독점하려는 부분에 해당한다.

앨리스는 이 시점에서 자신의 기억을 반쯤 되찾는다. 그러나 대개의 할리우드 영화에서는 주인공의 내적인 결핍과 회복, 줄거리상 주인공이 '갔다가 돌아오는' 행위를 통해 입수하는 것 모두가 확실하게 그려진다. 여기에서는 어디까지나 외적인 목적에 대한 대가를 얻은 것일 뿐 주인공의 자기실현, 즉 앨리스의 내적 공백은 아직 회복되지 않은 것이다.

10. 귀로

주인공이 이쪽 세계로 돌아온다. 말하자면 '불가사의한 탈출'에 해당하는 부분이다. 마지막까지 쫓아온 괴물이 화물차로 탈출하려는 앨리스를 습격한다. 이 괴물은 프로프가 말한 '추적자'에 해당한다.

11. 재생

주인공이 이쪽 세계로 돌아오는 마지막 국면이며, 여기서 주인공이 정신적으로 가장 고통을 겪는 경우도 있다. 앨리스는 결국 캐플란을 제외하고 단 한 명의 동료도 이쪽 세계로 데려오지 못한다. 말 그대로 간신히 목숨만 부지한 채, 처음 눈을 떴던 집으로 돌아온다.

12. 귀환

앨리스에게는 동료를 잃은 상실감이 남았다. 그러나 엄브렐러 사의 야망을 고발할 수 있는 자료가 있다. 앨리스는 그런 의미에서 세계의 위기를 구할 수 있는 입장이 되었으니 씁쓸하게나마 '자기실현'은 이룰 수 있는 것이다.

여기서 주인공이 자신을 돌이키는 것뿐만 아니라 가지고 돌아온 '대가'를 가지고 세계에 안정을 되찾는 것이 중요하다. 사이코 서스펜스나 미스테리물이라면 대가는 곧 범인이고, 범인을 붙잡아 일상의 평온을 되찾는 식이다. 그러나 〈레지던트 이블〉의 결말은 앨리스가 새롭게 출현한 연구소의 특수부대에 납치되어 실험체가 되고, 다시금 앨리스가 눈을 떴을 때에는 세계가 좀비로 인해 반쯤 멸망했다고 하는 〈레지던트 이블 2〉 인트로 부분으로 이어진다. 여기서 '눈을 뜨는 것'이 〈레지던트 이블 2〉의 '모험에 초대받다'에 해당하는 부분이다.

영웅의 여행이라는 구조

이처럼 캠벨과 보글러가 말한 「영웅의 여행」이라는 구조를 염두에 두면 〈레지던트 이블〉뿐만 아니라 최근 십수 년 사이의 할리우드 영화 대부분이 이 도식에 딱 들어맞는 것에 놀라게 된다. 영화뿐만 아니라 TV 드라마 시리즈도 마찬가지다. 예를 들어 TV 시리즈 〈히어로즈Heros〉를 보면, 오타쿠스러운 일본인 주인공 이름이 '히로', 즉 '히어로hero'인데 히로 자신이 "히어로는 여행을 하지 않으면 안 돼"라고 말하며 마치 캠벨과 보글러처럼 이야기론을 논하며 영웅으로서 이야기를 진행해간다(다스베이더 짝퉁스러운 아버지와 일본도를 써서 '싸움과 화해'를 하는 에피소드까지 있다). 그걸 보면 영웅의 여행이라는 구성이 좋든 나쁘든 미국 이야기 산업을 지배하고 있다는 것을 알 수 있다.

그럼에도 불구하고 〈히어로즈〉는 충분히 재미있고, 명백하게 만화판 『환마대전』[11]을 차용한 집단 영웅물인 동시에 히로가 '영웅의 여행'을 잔뜩 경험함으로써 주인공이 여러 명이라 산만해지기 쉬운 스토리 라인을 TV 시리즈로 잘 수습해놓고 있다. 이런 식으로 소위 화제작, 초대작이라는 작품들을 보자면 '영웅의 여행'이 할리우드 영화를 상당히 극단적으로 '단일신화화'했다고 말할 수 있는데, 어찌 보면 할리우드 영화 전체가 '영웅의 여행' 변종이 된 것은 아닌가 하는 생각까지 든다.

하지만 '이야기의 구조'를 응용하는 것이 산업적으로 가능할 뿐만 아니라, 그 범용성이나 편리성이 상당한 수준에 도달해 있음을 부인할 수는 없다.

2부 스토리 메이커
30가지 질문에 답하면서
당신의 이야기를 만들자

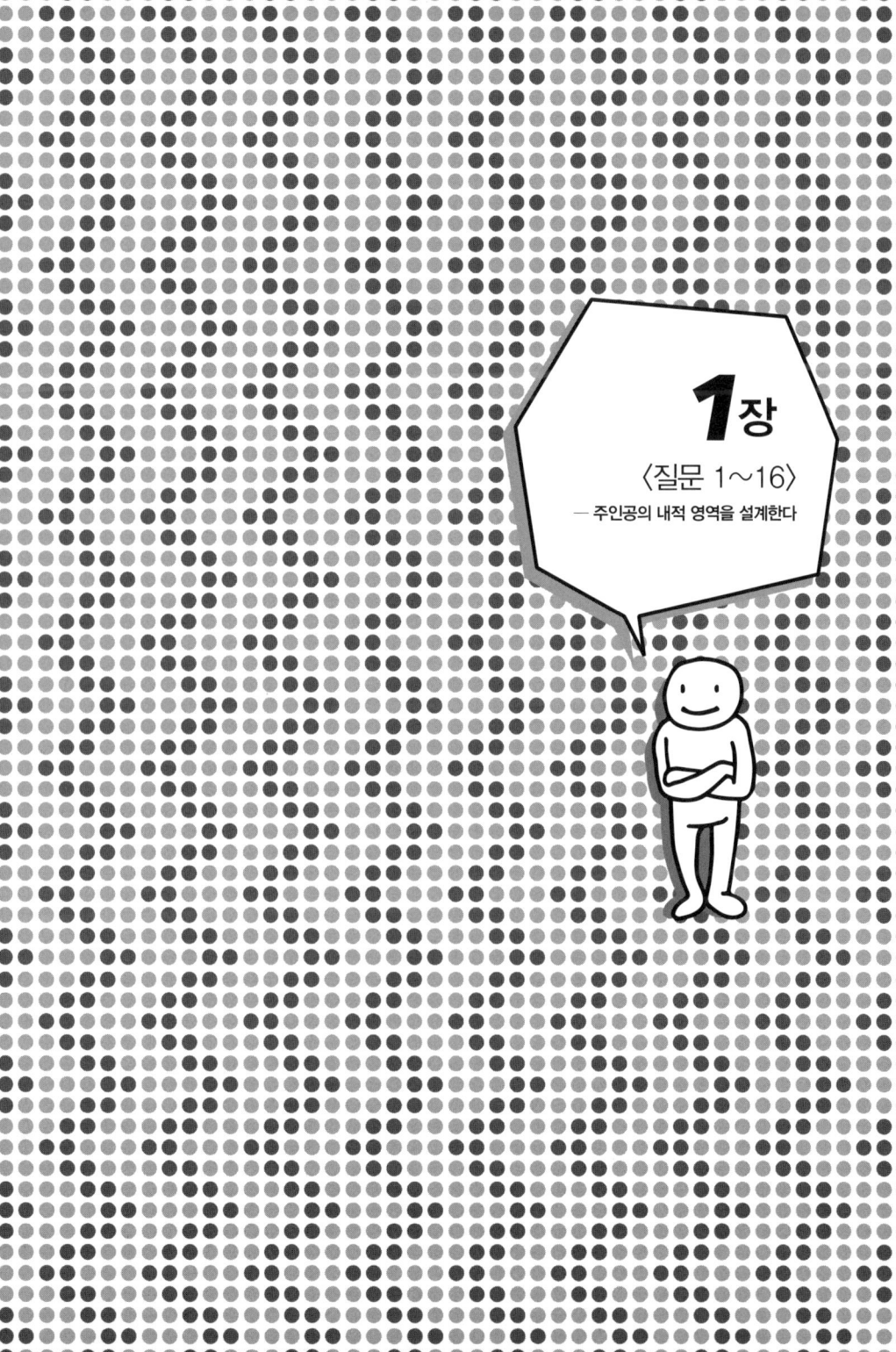

> **질문 1**
>
> 당신이 앞으로 쓰려고 하는 이야기를 머릿속에 있는 현재 상태 그대로, 형식에 구애받지 말고 써보라.

해설

최종 형태가 소설, 만화, 시나리오 중 어떤 형태가 될지는 알 수 없지만, 이 책을 읽고 있는 여러분이라면 무언가 이야기성이 있는 표현을 하려고 할 것이다. 그것이 엔터테인먼트가 아니라 '문학'이더라도 전혀 상관없다. 아무튼 무언가 떠오른 아이디어나 단편이 있을 것이다. 하지만 아직은 그것이 이야기로서의 형식성에 기초하여 설계되지는 않은 상태일 것이다.

    반면에 쓰고 싶은 것이 '아무것도 없다'는 사람도 적지 않을 것이다. 쓰고 싶은 이미지, 아이디어, 캐릭터, 혹은 이름 붙이기 힘든 자욱한 그 무엇, 구체적인 누군가나 상징적인 무언가에 대한 르상티망ressentiment[1] 등을 품고 쓰려는 사람 말고도, 쓸 만한 것이 없거나 쓰고 싶은 것도 없이 그저 소설이나 만화, 각본을 써보고 싶다고 막연하게 생각하는 사람도 의외로 많다. 어쩌면 소설을 쓰겠다거나 시나리오를 쓰고 싶다는 사람 중의 태반이 후자일지도 모른다. 그런 사람은 이 「스토리 메이커」가 소용없는가 하면 꼭 그렇지도 않다.

죄송하지만 그런 분은 내가 쓴 『이야기 체조』 중에서 1장 부분만 서점이나 북오프(일본의 유명 중고서점 체인)에서 찾아 읽어보시길 바란다. 거기에는 아무것도 없는 상태에서 플롯을 만들어내는 방법이 설명되어 있다. 우선 〈그림 10〉처럼 키워드를 써놓은 카드를 타로카드처럼 만들어서 〈그림 11〉과 같이 늘어놓는다. 이렇게 해서 배치된 카드는 〈그림 12〉처럼 주인공의 과거, 현재, 근미래, 결말을 암시하기도 하고, 결말을 향하는 과정에서 도와주는 캐릭터인 '조력자'의 속성이나 방해하는 '적'의 속성을 나타낸다. 카드의 위아래가 거꾸로 나오면 의미를 반대로 해석한다. 이처럼 여섯 장의 카드를 토대로 200자 정도의 플롯을 만드는 방법을 이 책의 2부 1장 마지막 부분에 칼럼으로 추가해놓겠다(200~201쪽 참조).

아무튼 이 질문에 대한 답변을 받아보면 수습이 되지 않는 이야기를 많이 가지고 있는 사람과, 놀랄 만큼 아무것도 없는 사람 두 종류로 나뉘는 경우가 대부분이다. 여기서는 수습이 안되는 이야기로 고민하는 경우를 작례로 삼아 해설하겠다. 참고로 앞으로 나올 작례는 나에게 만화 제작을 배운 학생이 과제로 제출한 것이다. 이 학생 안에서 어떤 식으로 '이야기'가 형태를 이루는지 그 과정을 확인해가면서 「스토리 메이커」의 사용법을 익혀보길 바란다.

답변의 예와 코멘트

답변 예 1: 주인공의 어머니는 감정의 기복이 심하다. 주인공은 어머니가 어린

그림 10 키워드 카드의 종류

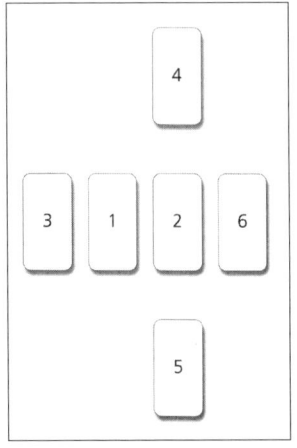

그림 11 키워드 카드를 임의로 뽑아 위의 순서에 맞춰 배열한다

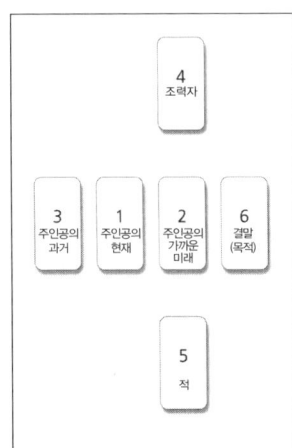

그림 12 배열된 카드의 의미

1장 주인공의 내적 영역을 설계한다

시절부터 자신을 대하는 모습에서 충분히 사랑받고 있다는 것을 알고 있고, 그 역시 어머니를 사랑한다. 하지만 가끔 어머니의 흥분한 모습이나 무기력한 듯한 모습을 보면 평상시의 모습과 너무 달라 이해하지 못하고 반발할 때가 많다. 주인공은 어머니의 그런 모습은 좋아할 수가 없었다. 그러던 어느날 주인공이 학교에서 돌아왔을 때 어머니가 담배를 피우는 모습을 보게 된다. 주인공은 그 모습에 충격을 받았고, 감정에 휩쓸려 어머니의 담배를 가지고 바닷가로 간다. 그런데 그곳에서 같은 반 불량 친구를 만난다.

여기까지가 〈질문 1〉에 대한 답변의 5분의 1 정도 분량이다. 주인공 소녀가 몰래 담배를 피우는 어머니의 모습을 발견하고 그런 어머니를 어떻게 받아들여야 할지 몰라 당황하는 것이 이야기의 발단이다.

다시 확인하겠지만 이 「스토리 메이커」는 제1부에서 해설한 프로프나 캠벨의 이야기론에서 뽑아낸 이야기 구조에 답변자의 플롯을 강제적으로 끼워 맞추는 것이다. 프로프나 캠벨이 분석 대상으로 삼은 것은 마법민담이나 영웅신화이고, 그런 스토리는 판타지에 가깝다. 그러므로 〈스타 워즈〉와 같은 이야기가 그런 '구조'에서 이끌어내기 쉽다는 것은 당연하다. 실제로 「스토리 메이커」를 학생들에게 보여주면 게임풍 판타지 플롯을 만드는 경우가 많다. 물론 그래도 문제는 없다.

하지만 예시와 같이 일상적이고 사적인 이미지를 만들어오는 학생도 적지 않다. 이 학생도 그때까지 어머니에 대해 약간 구애받고 있는 이야기를 만드는 경향이 있었다. 학생에게 직접 물어본 것은 아니지만 아마도 그 학생의 개인적인 경험과 관계 있는 듯하다. 소녀만화[2]에서는 어머니와의 심리적 갈등을 주제로 삼는 경우가 적지 않다. 2차 세계대전 이후 소위 '모자母子물', 즉 고아가 어머니를 그리워 하는 이야기로 시작된 일본의 소녀만화는 우메즈 가즈오의 『엄마가 무서워』를 필두로 '어머니가 정체를 알 수 없는 무언가로 변신한다'는 모티프(정신의학에서 카프그라Capgras 증후군이라고 부르는)를 거쳐 주인공이 자신의 여성성을 어떻게 수용할 것인가 하는 주제와 어머니라는 존재를 어떻게 가까운 타자로서 받아들일지에 관한 갈등을 연결시켜서 많은 걸작을 낳았다.

특히 하기오 모토[3]는 『이구아나의 딸들』, 『마지막』 등에서 어머니와의 대립과 여성이 자기 자신을 수용하는 과정을 선명하게 드러낸 작을 만들었다. 24년조[4] 이후 일본의 소녀만화는 하기오 모토만큼 선명하진 않더라도 모성(내적인 모성과 실제의 어머니 둘 다를 의미한다)과의 갈등이라는 주제를 반복해서 그려왔다. 예를 들어 『이구아나의 딸들』은 어머니가 자신과 닮은 장녀와 감정적으로 부딪히고, 장녀는 그 때문에 자신이 어머니의 딸이 아니라 이구아나의 딸일 거라고 생각한다는 우화적인 스토리이다. 주인공은 결국 어머니와 닮은 자신을 깨닫고, 어머니와 일정한 거리를 둘 수 있을 정도로 성장한다. 『마지막』에서는 남성밖에 없는 지구에 다시 여성이라는 성이 회복될 것인가를 모티프로 삼고 있다. 이처럼 소녀만화는 어머니와의 갈등을 통해 어머니로부터 자식이 자립하여 한 명의 타자로서 어머니를 받아들이고, 자신의 여성성도 수용하는 성장 스토리를 담은 경우가 많다.

이 작례를 제출한 여학생 또한 무심코 어머니와의 갈등이라는 내용을 선택함으로써 무의식적으로 2차 세계대전 이후 일본 소녀만화사史의 끝자락에 서려는 것처럼 생각되어 흐뭇하다.

> **질문 2**
>
> 〈질문 1〉의 플롯을 한 문장으로 표현하라.

해설

앞서 언급했듯이 〈질문 1〉에 대한 답변은 수습이 안 될 만큼 길거나, 아니면 쓴 본인도 그게 어떤 플롯이 될지 예상할 수 없을 정도로 단편적이거나, 그도 아니면 한 장면만을 세밀하게 쓰는 등 사람마다 제각각이다. 어느 쪽이든 플롯으로서는 아직 부정형不定形인 것이다.

하지만 이 〈질문 2〉에서는 '일단은'(또 다시 '일단은'이다), 그리고 억지로라도 상관없으니 현 시점에서의 플롯을 '한 문장'으로 요약해보라.

예를 들어 내가 원작 스토리를 쓴 만화 『다중인격 탐정 사이코』[5]에서라면 '왼쪽 눈에 바코드 자국이 있는 사립탐정이 엽기 살인사건을 쫓으며 자신의 진짜 인격을 찾는다'라는 한 문장이다. 〈스타 워즈〉라면 '기사(제다이)의 혈통을 이은 소년이 악의 제국 지배자가 된 아버지를 쓰러뜨린다'가 되겠다. 약 40~50자 정도로 '×××한 주인공이 △△△를 □□□한다'라는 형태의 심플한 문장에서 ×××는 주인공의 속성, △△△는 주인공 행동의 대상, □□□는 주인공 행동의 내용이다. 여기에 '○○○에 의해'라는 수단이 추가되어도 좋다.

이처럼 할리우드 영화에서는 플롯을 한 줄로 요약하는 것을 프레

미스premis 혹은 로그라인logline이라고 부르는데, 좋은 시나리오는 명확한 로그라인으로 설명할 수 있다는 식으로 보통 일컫는다. 어째서 그런가 하면 로그라인은 시나리오의 근본을 규정하기 때문인데, 그 정리 방식에 따라 플롯이 펼쳐져 갈 방향이나 작품의 테마가 크게 바뀌는 것이다. 예를 들어 옛날이야기「모모타로」를 다음과 같이 두 종류의 로그라인으로 표현했다고 생각해보자.

A. 자식이 없는 노부부가 복숭아에서 태어난 신비한 아이를 얻는 이야기.
B. 복숭아에서 태어난 소년이 동물 세 마리와 함께 도깨비를 쓰러뜨리는 이야기.

양쪽 다「모모타로」를 로그라인으로 요약한 것인데, A와 같이 로그라인을 정리했을 경우에는 신비스러운 아이를 얻은 노부부와 아이 사이의 가족 이야기가 될 것이다. 왜 노부부에겐 아이가 없었는지, 또 이 신비한 아이는 노부부에게 잘 받아들여질 수 있을지, 그런 방향으로 이야기가 펼쳐질 것이 예상된다. B에서는 그야말로 게임풍 판타지 스토리가 떠오를 것 같다.

앞서『다중인격 탐정 사이코』의 로그라인을 예로 들었지만, 이 작품이 할리우드 영화사의 디벨롭먼트 단계에서 검토되었을 때 (아직도 '검토 중'인 상태이지만) 미국 측에서 제시해온 로그라인 중 하나에 "다중인격의 탐정이 사건을 해결해가며 양파 껍질을 벗기듯이 자신의 본질에 다가선다"는 것이 있었다.

사실 그런 식으로 제삼자가 제 작품을 요약해준 일이 없었기 때문에 그 자체로도 재미있는 경험이었지만, 이 로그라인을 보고 나는 생각에 잠겼다. 내 주인공은 최종적으로 '진정한 자신'에 도달할 것인가? 라는 문제이다. 나는 그 시점에서 주인공이 마지막에 '텅 비어 있는, 아무 것도 없는 자신'과 대치한다는 이미지를 결말의 옵션 중 하나로 고려하고 있었다. 주인공의 인격은 전부 만들어진 것이었다는 결말이다. 진정한 자신이란 존재하지 않아, 라고 하는 이미지이다. 양파 껍질을 벗긴다, 영어로 필 더 어니언peel the onion이란 표현을 보고 그런 이미지가 선명해졌다. 기묘한 연상이지만 나는 그때 "원숭이한테 락교를 주면 껍질을 까다가 아무 것도 나오지 않아 화를 낸다"라고 하는, 사실인지 아닌지 잘 모르겠는 농담을 떠올렸다. 즉 내 작품은 '양파 껍질을 깐다'가 아니라 '락교 껍질을 깐다'는 것이 주제가 아닐까 고민했던 것이다. '진정한 자신'이란 존재하지 않는다는 뜻을 주인공, 그리고 독자는 어떻게 받아들일 것인지. 그것이 내가 쓰고 싶었던 것이었다.

그 날 몇 시간에 걸쳐 위성 회선으로 연결된 전화로 미국인 시나리오 개발팀과 '양파'와 '락교' 어느 쪽의 껍질을 주인공이 까야 하는지에 관해 논쟁을 했다. 나 자신도 정면에서 생각해본 적이 없던, 자기 작품의 주제를 다시 생각하게 만드는 드문 체험이었다. 로그라인이란 이처럼 작품의 근본을 정의하는 것이다.

답변의 예와 코멘트

답변 예 2 : 어머니의 이면성에 고민하는 사춘기 주인공이 어머니를 받아들이고자 하는 이야기.

로그라인으로서는 약간 추상적이다. 이 학생은 좀 특이한 버릇이 있는데, 추상적인 테마를 먼저 두고 거기에서부터 서서히 구체적인 스토리를 만들어가려고 하는 것이다. 어머니가 담배를 피우는 모습을 보고 주인공이 쇼크를 받는다는 플롯의 서두가 '어머니의 이면성'이란 형태로 추상화되어 있다. 어떤 식으로 어머니의 두 가지 얼굴을 보여줄 것인지, 그리고 주인공은 그것을 어떻게 받아들일지는 로그라인으로 제시하지 않았다. 한편 주인공이 사춘기라고 하는 정의, 어머니를 받아들인다고 하는 표현에서 그녀가 '어머니와의 갈등과 화해'라는 소녀만화 주제를 많이 의식하고 있음을 느낄 수 있다. 아무튼간에 나아갈 방향은 보이는 것 같다.

> **질문 3**
>
> 이제부터 당신이 쓰려는 이야기의 주인공에 관해 떠오르는 대로 써보시오.

해설

주인공의 이름이나 속성, 혹은 설정을 떠오르는 대로 써보라는 이야기이다. 성별이나 연령, 헤어스타일, 복장, 과거, 그밖에 뭐라도 좋다. 만약 「스토리 메이커」를 써서 자신의 경험을 이야기로 만들고자 하는 사람, 즉 사소설이나 자서전을 쓰려는 사람은 '나'의 속성을 캐릭터로 정의해보라. 회사를 정년 퇴직하고 자신의 인생을 돌이켜보는 샐러리맨이라든지 자식을 다 키우고 나서 어떻게 하면 좋을지 모르겠다는 주부에게 자신의 이야기를 「스토리 메이커」로 만들어보게 했을 때, 그들 자신은 평범하다고 믿고 있던 인생이 상당히 파란만장했다는 것을 깨닫고 재미있어 하기도 했다.

캐릭터를 만들기가 어려워서, 〈질문 1〉의 플롯도 『이야기 체조』 1장의 카드를 쓰는 방법으로 간신히 짜냈다 하는 분은 『캐릭터 메이커』 1강 및 4강에 주사위를 굴려 캐릭터를 고안하는 방법이 나와 있으니 그 방법을 써서 캐릭터를 대충 만들어봐도 상관없다. 소설이나 시나리오 입문서 중에는 캐릭터의 이력서 같은 것을 상세히 만들라고 조언하는 책도 있지만 그럴 필요는 없다. 솔직히 말하자면 이 〈질문 3〉

은 〈질문 1〉과 마찬가지로 '일단은' 만들어보라는 이야기이다. 쓰고 싶은 이미지나 설정이 너무 많아 수습되기 힘들 정도인 분들이 간단하게라도 해소해보라는 의미에서 만든 질문이다.

답변의 예와 코멘트

> **답변 예 3** : 고2(17세) 여성. 외견상으로는 매우 평범한 소녀.

매우 무뚝뚝한 답변이다. 게임 계열의 판타지 작품을 그리려는 학생은 이 질문에 대해 일러스트까지 포함해서 상세한 캐릭터 설정을 준비해오기도 했지만, 이 학생의 답변에는 성별과 연령 외에 사실상 아무 것도 정의되어 있지 않다. 하지만 '외견'상으로는 매우 평범하다는 표현은 상당히 흥미롭다. 즉 그녀가 그리려는 것이 주인공의 외견이 아니라 내면이라는 뜻이다.

『캐릭터 메이커』에서도 설명했지만 '캐릭터를 만드는 것'과 '캐릭터를 시각적으로 디자인하는 것'은 서로 다른 일이다. 극단적으로 말하자면 캐릭터의 외견상 특징은 주사위를 던져서 결정하더라도 별 상관이 없다. 외견상의 특징은 주인공의 내면이나 이야기의 구조와 연결되지 않는 한 별로 의미 없는 것이다.

예를 들어 프로프의 31가지 기능에서 주인공에게 붙여지는 표식, 즉 '성흔聖痕'은 후반부에서 진짜 주인공인지를 증명하기 위해 필요한 것이지 아무 문장이나 그려져 있다고 되는 것이 아니다. 나처럼 별 생각도 없이 주인공 왼쪽 눈에 바코드를 집어넣으면 나중에 앞뒤를 맞추느라 고생하게 된다. 즉, 캐릭터의 외견적 특징은 대부분의 경우 스토리상에서 '앞뒤를 맞출 필요'를 발생시킨다. 나는 『캐릭터 메이커』에서 데즈카 오사무 캐릭터의 외견이 그 작품의 주제를 정확히 반영한다고 해설한 바 있다. 데즈카 오사무처럼 그렇게까지 캐릭터의 외견을 고민해서 만들더라도 그런 작업에 큰 의미는 없다는 것이다.

하지만 아무리 '캐릭터를 만드는 것'이 캐릭터의 내면을 설계하는 것이라고는 해도 그녀의 이 답변은 약간 지나칠 정도로 단순하다. 추상적인 단어에서 시작하여 구체적인 플롯으로 나아가는 버릇이 있는 그녀의 내부에서, 아마도 캐릭터의 시각적 이미지는 아직까지 미정인 듯하다. 그리고 미정이면 미정인대로, 이 시점에서는 전혀 상관없다.

> **질문 4**
>
> 당신의 주인공이 현재 안고 있는 문제를 "주인공은 ×××가 결여된 상태다"라는 식으로 표현해보시오. 결여된 것을 우선 구체적으로 쓰고, 그 다음에 그것이 무엇을 상징하는지 한마디로 써보시오.

해설

결락과 회복이 이야기를 움직이는 엔진이라는 이야기는 1부에서 설명했다. 주인공은 무언가가 빠진 상태이고, 그것을 회복하는 프로세스를 통해 이야기는 성립된다. 이 질문은 어디까지나 주인공 개인의 문제이다. 예를 들어 '세계에 위기가 닥쳤다' '나라의 상징인 보물을 도둑맞았다' '살인귀가 평화로운 마을에 나타났다'라는 식으로 주인공이 살아가는 사회에 발생한 가해나 결락은 〈질문 8〉에서 별도로 설계한다.

　우선 주인공한테 구체적으로 무엇이 빠져 있는지를 생각하고, 그 다음 그 결락이 주인공의 내적 영역을 어떤 식으로 반영하고 있는지 생각해보자. '구체적으로 빠져 있는 것'이란 예를 들어 '애인이 없다'라는 경우에는 '애인이 빠진 상태'라는 뜻이다. 빠져 있다는 것은 뭔가 필요한 것을 손에 넣기 위한 돈이라든지, 지위나 명예, 아내로부터의 신뢰, 개인적인 소지품, 기억 등 여러 가지로 생각해볼 수 있겠다. '부모가 없는' 상태라면 랑크의 『영웅 탄생 신화』식으로 조금 거창한 이야기가 시작될지도 모르겠다.

그리고 보다 더 중요한 것은 그것들이 어째서 빠져 있는지, 주인공은 어째서 그것을 원하는지, 즉 내적 이유를 생각해보는 것이다. '빠져 있는 것'은 반드시 주인공의 내적인 결락감의 반영이자 상징일 수밖에 없다. 예를 들어 이상적인 애인을 갖고 싶어하는 주인공은, 사실 어린 시절에 손에 넣지 못했던 행복한 가정을 꿈꾸고 있는 것일 수도 있다. 이 부분을 깊이 생각해보자.

여기에서 정리해두자면 「스토리 메이커」에서 결락이란 ①개인적 차원에서 주인공에게 결락되어 있는 구체적인 사항, ②내적 차원에서 결락되어 있는 사항, ③〈질문 8〉에서 설계하게 될 스토리라인 안에서 주인공이 회복을 구체적으로 의뢰받는 사항, 이렇게 3가지가 되겠다. ①과 ③은 경우에 따라 일치할 수도 있다.

답변의 예와 코멘트

답변 예 4 : 주인공에게는 어머니를 긍정하는 마음이 결여되어 있다.
자신이 믿고 있던 어머니 모습 사이의 간극 → 주인공 마음의 평정을 상징?

'외견은 평범'했던 주인공은, 하지만 담배를 피우는 어머니의 모습을 받아들이지 못하는 상태이다. 원래 이 답변자는 '어머니가 담배 피우는 모습을 본 주인공이 거부반응을 일으킨다'는, 이야기로서는 매우 사소한 스타트와 모티프를 갖고 있다. 하지만 현시점에서는 〈질문 1〉

에 대한 답변의 초기 단계 플롯 서두를 읽어봐도 주인공이 담배를 피우는 어머니에게 느끼는 반발심조차 이해하지 못한 인상이다. 답변자는 그 심정을 '자신이 믿고 있던 어머니'의 모습과의 차이로 당황하고 있고, 그 이유로 주인공에게 내적으로 '마음의 평온'이 결락되어 있기 때문이라고 우선 정의해놓고 있다. 하지만 어머니가 담배를 피우는 모습과 자신이 평소 알고 있던 어머니 모습 사이의 갭을 받아들이지 못하고 당황한 상태를 동어반복하고 있을 뿐이다. 그렇기 때문에 주인공의 내면에 대해서 좀 더 질문이 필요하다.

> ## 질문 5
>
> 주인공의 '현재'에 관해 설계해보고, 이미지에 가장 맞는 것을 아래 A~D 중에 선택해보시오.
> A. 아직 자신의 운명을 자각하고 있지 않은, 보통 사람으로서의 상태 (○)
> B. 어떤 식으로든 사회적으로 성공한 상태에 있다 (+)
> C. 과거에는 성공했었지만, 지금은 잘 안 되고 있다 (+→−)
> D. 전혀 성공하지 못하고 있다 (−)

해설

이것은 앞 질문의 전반부와 겹칠 수도 있지만, 작중에서 주인공의 사회적 포지션을 결정하는 부분이다. 본인 혹은 본인의 집안이 부유한지 가난한지, 사회적으로 성공했는지 인생의 밑바닥인지, 혹은 완전하게 평범한 것인지 등을 생각해보자. 이 질문은 주인공을 축으로 하는 이야기의 리듬을 만드는 것이라고 생각해야 된다. 이야기는 '결락과 회복' 및 '갔다가 돌아오는' 등 두 가지의 기본 구문으로 이루어지는데, 구체적인 이야기 속에서 주인공의 사회적 성공이나 실패의 과정으로 그려지는 때가 많다. 주인공은 이야기 속에서 사회적 포지션이 —'사회'는 주인공마다 다르겠으나— 상승하기도 하고 하강하기도 한다.

여기서의 성공, 실패는 반드시 앞 질문의 결락, 회복과 일치하지는 않는다. 물론 일치해도 되지만, 예를 들어 부자인 주인공이 (+인 상태) 모든 것을 잃지만 내적으로 마음의 안녕을 손에 넣는다는 줄거리는 자주 볼 수 있다. 사회적으로는 (+)에서 (-)로 가는 것이지만 내적으로는 (-)에서 (+)로 가는 케이스가 있더라도 아무 문제가 없다는 것이다. (-)에서 시작하더라도 처음부터 가난하다면 그것은 알기 쉬운 성공 스토리나 신데렐라 스토리가 된다. 한편 신데렐라 스토리 형이더라도 손에 넣은 것이 당초 바라던 것과는 다른 행복이었다는 전개도 있다. 과거에 성공했었지만 여러 가지 일을 겪고 (-)인 상태에서 다시 시작한다는 형태는, 할리우드 영화에서 자주 볼 수 있는, 마치 영화 〈록키〉와도 같은 '컴백물'이 되기도 한다.

답변의 예와 코멘트

　　답변 예 5 : (D) 전혀 성공하지 못하고 있다 (-) → 어른이 되지 못했으니까.

주인공은 '외견은 평범'하지만 그녀가 정의하기를 사회적으로 성공하지 못한 상태. 주인공이 아직 어머니한테서 정신적으로 자립하지 못한 아이의 상태인 것을 '보통 여자아이'라고 보지 않고, '아직 어른이 되지 못했으니까' '성공하지 못했다'고 정의하는 것에서 테마가 명확해졌다. 그 내용을 확인하는 것이 다음 예비 질문이다.

> ## 질문 6
>
> A~D 중 하나를 선택했으면, 로그라인을 "주인공은 ×××인 상태에서 △△△를 원하고 있지만 결국 ㅁㅁㅁ가 된다"라는 정도의 간단한 문장으로 만들어 보자.

해설

이것은 주인공의 내적인 변화를 정의하는 것이다.

답변의 예와 코멘트

> **답변 예 6**: 주인공은 아직 어린아이이고, 어머니에 대한 감정이 불안정한 상태다. 이상적인 어머니의 모습을 찾고 있지만 마지막에는 한 여성으로서 어머니의 인간성을 받아들인다.

주인공이 스토리 진행에 따라 내적으로 어떻게 바뀌어 가는가 하는 원칙, 행동 원리가 이로써 어느 정도 설계되었다. 주인공은 아직 심리적으로 어린아이이고, 그 때문에 어머니한테 오직 어머니라고 하는 일면만을 바라고 있다. 하지만 그런 어머니는 주인공이 성장함에 따라 사라지고 결국은 한 사람의 인간, 혹은 여성으로서 어머니가 가진 장점과 단점을 전부 다 함께 받아들이지 않으면 안 되는 것이다.

'담배를 피우는 어머니'라는 이미지가 가진 의미가 서서히 명확해진 것을 느낄 수 있다.

  1부에서 언급한 대로 이야기란 결국 주인공이 성장하는 프로세스를 그리는 것이다. 물론 그에 대한 안티테제Antitheis로서 성장을 거부하거나 유보하는 이야기도 있지만, 그것은 '어른이 되는 이야기'가 존재하기 때문에 비로소 가능해지는 법이다. 그러면 담배를 피우는 어머니란 이미지와, 주인공이 어른이 되어가는 것과는 어떻게 이어질까.

질문 7

현재 주인공이 처해 있는 상태에 영향을 미친 '과거'에 관해 적어보라.

해설

소위 백스토리backstory나 주인공의 설정을 쓰라는 말이 아니다. 그런 연습을 많이 해본 독자라면 이미 〈질문 1〉이나 〈질문 3〉에서 마음껏 분출했을 것이다. 여기서 말하는 '과거'란 주인공의 내적인 부분에 영향을 미친 과거를 말한다. 주인공의 출생에 대한 비밀이라든지 트라우마, 감춰진 과거, 혹은 그렇게까지 요란할 필요도 없고 심지어 주인공이 의식하지 못하고 있는 것이더라도 마음에 그림자를 드리우고 있는지도 모르는 '과거'를 만들라는 뜻이다. 〈질문 3〉~〈질문 5〉에서 약간 추상적으로 정의했던 내용을 구체적인 플롯에 이어붙이기 위한 질문이기도 하다.

답변의 예와 코멘트

답변 예 7 : 어릴 적부터 애정을 받으며 자랐지만 동시에 옛날부터 어머니의 감정 변화에도 휘둘려왔다. 그로 인해 어머니의 어머니 이외의 모습에 대해 아직 이해하지 못하고 있다.

애정을 받고 자란 과거는 주인공이 어머니에게 제대로 떨어져 나오지 못하고 있는 현재의 상황과 연결되는 것이다. 어릴 적부터 어머니의 감정 기복에 어느 정도 휘둘려왔다는 사실도 '담배를 피우는 어머니'의 모습에 혼란을 겪게 되는 원인일 것이다. 주인공은 어머니에게 약간 과한 애정과 혼란을 둘 다 받으면서, 어머니의 감정 기복에 과도하게 반응하는 버릇이 든 것 같다. 이 시점에서는 작자도 주인공과 마찬가지로 혼란을 겪고 있는 듯하다. 답변은 변함없이 추상적이지만, 그녀가 그리려고 하는 모친상은 여성들이 보기에는 상당히 현실적이지 않을까 싶다.

 이 질문에 구체적인 에피소드 형식으로까지 이미지를 만들어 답변할 수 있다면, 실제로 각본이나 소설 형식으로 만드는 단계에도 도움이 된다. 주인공의 과거는 대개의 경우 에피소드가 컷백cutback되는 형태로 표현되므로, 이 질문에서 쓴 답변을 그대로 쓸 수 있는 경우도 많다.

> **질문 8**
>
> 〈질문 4〉의 답변을 기반으로 주인공이 '결여되어 있는 것'을 손에 넣기 위해 누군가에게 받게 되는(혹은 스스로 치르지 않으면 안 되는) 구체적인 과제나 임무는 무엇일지 생각해보라.

해설

지금까지의 질문이 내적인 결락과 회복을 그린 이야기였던 것에 반해 여기에서는 외적인 목적을 설계한다. 주인공의 결락(즉, 회복되어야 할 목적)을 내적인 것과 외적인 것 두 가지 측면에서 정의하는 시나리오 작성 기술은 내가 자주 인용하는 닐 D. 힉스의 『헐리우드 영화 각본술』을 기반으로 한 것이다. 1부에서 본 것처럼 프로프의 31가지 기능에서는 주인공이 감정을 갖고 있지 않다. 한편 랑크나 캠벨은 영웅의 내면을 해석함으로써 이야기의 구조를 설명했지만 그것은 랑크나 캠벨이 '나'의 고유성을 믿는 근대의 인물이기 때문이다.

많은 심리학자나 민속학자가 주장하듯이 민담과 신화는 '통과의례의 반복'으로서 존재한다. 하지만 그것은 어디까지나 이세계異世界에 '갔다가 돌아오는' '죽음과 재생'이란 구조일 뿐, 민담과 신화 속에서 주인공의 심리나 내면이 구체적으로 묘사되지는 않는다. 주인공의 성장은 어디까지나 작중에서 주인공의 여행으로 표현되는 것이다. 즉, 민담과 신화에는 외적인 영역밖에 없고 내적인 영역이 없다.

이에 관해서는 신화학자 막스 뤼티Max Lüthi가 옛날이야기 속 캐릭터의 '일차원성'이란 말로 설명했다.

> 옛날이야기의 주인공은 저주에 걸린 공주를 구하기 위해 세계 끝까지 여행을 하지 않으면 안 된다. 하지만 세계의 끝은 사실 그저 지리적으로 먼 것뿐이지 정신적으로 떨어져 있는 것은 아니다. 어떤 피안의 세계에서도 도보로 혹은 날아서라도 도달할 수 없는 나라는 없다. (중략) 전설은 이 두 세계를 두 가지의 서로 다른 정신적 차원으로서 명확히 구별하여 기술하고 있으므로, 지리적으로는 그 둘을 격리할 필요가 없다. 하지만 정신적 단절이 체험에서 조금도 흔적을 남기지 않는 옛날이야기에서는, 이쪽 세계와 저쪽 세계를 최소한 지리적으로나마 격리하곤 한다. 즉 옛날이야기는 정신적으로 구별된 것을 하나의 선 위에 투영하고, 내적인 간격을 외적인 거리를 통해 암시한다.
>
> (『유럽의 민담』, 막스 뤼티 지음)

옛날이야기는 '아이의 상태'와 '어른의 상태'처럼 정신적으로 구별된 상태 역시도 물리적 거리로 변환한다는 말이다. 아이로서의 주인공과 어른으로서의 주인공은, 주인공이 여행하는 물리적 거리로서, 주인공이 성장하기 위해 극복해야 할 내적인 문제는 용 퇴치 등과 같은 구체적인 외적 미션으로 바뀌는 것이 민담이나 신화이고, 그런 외적인 이야기는 인간의 내적인 이야기를 반영한다.

이런 '외적인 이야기'가 내적인 것의 상징이라는 사고방식은 무라카미 하루키의 『스푸트니크의 연인』이나 『해변의 카프카』에서 주인공이 상징적으로 살인을 한다는 불가사의한 묘사 속에서도 나타나 있다.

그리고 물론 너는 실제로 그놈으로부터 빠져나가게 될 거야. 그 맹렬한 모래 폭풍으로부터. 형이상학적이고 상징적인 모래 폭풍을 뚫고 나가야 하는 거다. 그렇지만 동시에 그놈은 천 개의 면도날처럼 네 생살을 찢게 될 거야. 뜨겁고 새빨간 피를 너는 두손으로 받게 될 거야. 그것은 네 피이고 다른 사람들의 피이기도 하지.

그리고 그 모래 폭풍이 그쳤을 때, 어떻게 자기가 무사히 빠져나와 살아남을 수 있었는지, 너는 잘 이해할 수 없게 되어 있어. 아니, 정말로 모래 폭풍이 사라져버렸는지 아닌지도 확실하지 않게 되어 있어. 그러나 이것 한 가지만은 확실해. 그 폭풍을 빠져나온 너는 폭풍 속에 발을 들여놨을 때의 네가 아니라는 사실이야. 그래, 그것이 바로 모래 폭풍의 의미인 거야.

(『해변의 카프카』, 무라카미 하루키 지음, 김춘미 옮김, 문학사상사, 2003)

기묘한 표현이지만 무라카미 하루키는 소설이나 영화의 작중에서 사람이 사람을 죽이는 것은 '상징적으로' 죽이는 것이라고 생각한다. 물론 작중에서의 죽음은 '리얼하게' 그려진다. 하지만 그것은 주인공에게 있어서 (그리고 독자에게 있어서) 무엇인가의 상징이 아니면 안 된다는 것이 그의 입장이다.

이것도 역시 문예비평의 영역에 들어가버리기 때문에 깊이 있게는 언급하지 않겠지만, 『해변의 카프카』는 나카타 씨와 소년 카프카의 이야기 하나가 진행되면서, 나카타 씨의 이야기는 '아버지 살해'나 '어둠의 괴물과의 싸움'이라는 '이야기의 구조'에 따른 외적인 이야기로 그려지고(그렇기 때문에 나카타 씨는 UFO에 납치되어 '마음'을 빼앗긴 정서 장애 남성으로 설정되어 있다. 내면은 나카타 씨에겐 불필요한 것이다), 반면 카프카 소년은 '건너편 세계'에 '갔다가 돌아오는' 것 외에 구체적으로는 여성과 섹스하는 것과 책을 읽는 정도만 할 뿐, 살인도 괴물 퇴치도 하지 않고 그저 내적으로 성장할 뿐이다. 즉, 무라카미 하루키는 나카타 씨 파트는 외적인 이야기, 카프카 파트는 내적인 이야기로 구별해놓고서 전자가 후자의 '상징'이라는 식으로 약간 복잡한 방식의 소설 작법을 채택한 것이다.

지금까지 자주 언급했지만, 무라카미 하루키는 후천적으로 이야기의 문법을 익힌 문장가이고, 그의 소설은 그 자체로 하나의 이야기론이라고도 할 수 있다. 게다가 그의 소설은 일단 '문학'이니까, 외적인 이야기와 내적인 이야기를 평행해서 그린다는 아이디어도 가능하다. 하지만 여러분은 하나의 이야기 속에 내적인 것과 외적인 것을 따로 설계해보길 바란다.

예를 들어 내적으로는 '어린 시절, 충족되지 못한 가족의 행복을 꿈꾸는 남자'가 외적으로는 애인이 생기기를 원한다고 할 때, 그것을 어떤 형식으로 얻으려고 하는지를 그려본다. 내적인 것의 반영으로서 외적인 것이 무엇인지는 이미 정의했지만, 주인공은 한발 더 내딛어 외적인 것을 어떻게 목적화할지도 설계해보자. 예를 들어 브렛 레트너 감독의 영화 〈레드 드래곤〉처럼 아내와의 관계가 어색해진 상황임에도 불구하고(물론 그 관계를 회복하고 싶다는 것이 내적인 동기이다) 아내가 바라지 않는 형태로 사이코패스 살인범 수사를 위해 FBI에 복귀함으로써(외적인 목적), 마치 내적인 목적과 외적인 목적이 모순되는 것처럼 보이는 경우도 있다.

답변의 예와 코멘트

  답변 예 8: 주인공과 비슷한 처지(심경)의 불량소년과 사귀게 되면서, 자신의 상황을 객관적으로 보는 것.

여기에서 〈질문 1〉의 플롯 마지막 부분에 등장한 소년이 다시 나온다. 주인공은 외적으로는 평범하고 전혀 불량하지 않다. 그러므로 자신과 비슷한 처지(심경)라는 말은 어머니와의 관계가 미묘하다는 공통점을 뜻한다. 어머니의 모습을 있는 그대로 받아들이지 않으면 안 되겠다는 주인공의 내적 동기는 이 소년과 알게 되면서 외적인 목적으로 바뀌게 된다고 할 수 있다.

질문 9

주인공은 외적인 목적이나 과제를 결국 달성하는가.

해설

경우에 따라 〈질문 5〉와도 관계가 있는 질문이다. 주인공은 외적인 결락을 외적인 과제로 구체화하고, 그 과제의 달성을 위해 행동한다. 하지만 그 시도는 과연 성공할까? 성공할지의 여부는 어디까지나 '외적인 과제와 목적'이라는 수준에서 생각하는 것이 좋다. 말할 나위도 없겠지만, 외적인 목적을 달성하기 위한 과제에 실패하더라도 주인공의 내적 목적이 충족되는 경우가 자주 있기 때문이다. 예를 들어 결국 '부자이면서 잘생긴 애인'을 찾지 못하지만 자신의 마음을 채워주는 소중한 사람은 가까이에 있던 평범해 보이던 소꿉동무였다는 식의 전개도 좋다.

답변의 예와 코멘트

> **답변 예 9** : 머리로는 정리가 되지만, 아직 어머니의 모습을 완벽히 용서할 수는 없다. → 달성은 하지만 완벽하진 않다.

꽤나 솔직한 답변이다. 소년과 사귀면서 어느 정도 어머니를 받아들이지만, 주인공은 여전히 어머니의 실상에 대해 화가 나 있는 채로 이야기가 끝나는 것 같다. 여성에게 있어 '어머니와의 갈등'은 하나의 이야기만으로 쉽사리 결론지을 수 있는 것은 아니다. 답변자는 그것을 확실하게 의식하고 있다. 아마 그녀는 앞으로 계속해서 '어머니와 화해하려다가 하지 못하는 이야기'를 그리게 될 것이라는 것을 나는 이 두 줄을 보고 느꼈다.

> ## 질문 10
>
> 그 결과 상징적으로 손에 넣는 것, 혹은 잃는 것은 무엇인가.

해설 (※이 부분에는 미국 드라마 〈24〉의 스포일러가 포함되어 있다.)

〈질문 9〉에서는 외적인 목적의 달성 여부가 문제였지만, 이제부터는 그것이 내적으로 어떤 결과를 가져올지를, 지금까지의 답변을 참고해서 생각해보라. 앞서 언급했듯이 주인공이 신데렐라 스토리는 달성하지 못하더라도 가까이에 소중한 사람이 있어서 본인이 마음으로 원하던 행복한 가족은 얻을 수 있었다는 식이거나, 반대로 수사관이 범인을 붙잡았지만 본인이 정말 원하던 아내와의 화해는 불가능했다는 식으로 외적으로 얻은 것과 잃은 것, 내적으로 얻은 것과 잃은 것이 일치하지 않는 경우도 있다. 예를 들어 미국 드라마 〈24〉의 시즌 1에서 주인공 잭 바우어는 테러리스트의 음모는 저지하지만 아내가 죽게 되어 아내와의 화해는 실패한다. 이런 조합이 주인공이나 이야기에 알기 쉬운 형태의 '깊이'를 주는 것이다.

물론 〈24〉는 워낙 빠르게 이야기가 전개되기 때문에, 주인공의 내적인 영역은 거의 내팽개쳐버린 것처럼 보이지만 말이다.

답변의 예와 코멘트

답변 예 10 : 마음의 평안을 손에 넣지만, 이상적인 어머니상은 잃게 된다.

주인공은 어머니의 현실을 용서하지는 못해도 받아들이고, 이전보다는 안정을 찾는다. 하지만 이상적인 어머니를 잃는다는 씁쓸한 전개이다. 덧붙여 여기서 답변자가 〈답변 5〉에 이어 또 다시 '이상적인 어머니'를 언급한 것은, 이 플롯을 작자 자신이 더욱 깊이 파고들 수 있는 실마리가 될 것 같기도 하다. 주인공이 원하는 어머니란, 자식인 자기를 보호해주는 어머니일 뿐만 아니라 아이에서 어른으로 가는 과도기에 어떤 성인, 어떤 여성으로 성장해야 하는가 하는 롤모델로서의 어머니가 아닐까 싶다. 그렇기 때문에 그런 기대가 어긋난 데에 대한 분노가 주인공의 진심이 아닌가 싶다. 이쯤 되면 답변자가 그리려는 주인공이 답변자 자신과 확실하게 겹쳐지는 것으로 느껴진다.

이처럼 주인공의 설계가 작자와 어느 정도 겹쳐질 정도로 깊어진 상황에서 주인공 이외의 다른 캐릭터도 설계해보도록 하겠다.

> **질문 11**
>
> 주인공의 목적 달성을 방해하는 중심적인 캐릭터, 즉 '적'은 누구인가.

해설

적이란 악역이나 적역만이 아니다. 소위 선악의 구도에 대입해서 '악'을 단순하게 생각하면 실패한다. 어디까지나 주인공의 목적, 특히 내적인 목적의 달성을 저해하는 장애물이 진정한 의미의 '적'이라 할 수 있다.

하지만 프로프의 31가지 기능 중에서 증여자가 주인공에게 아이템을 주기 전 단계에서 간혹 싸움을 걸기도 하지만, 그런 경우에는 적이 아니다.

답변의 예와 코멘트

답변 예 11 : 주인공 자신.

명쾌한 답변이다. 어머니의 모습을 받아들여야 한다고 생각하는 반면 어머니에게 이상적인 모습을 요구하고, 그 실상을 받아들이고 싶어 하지 않는 것 역시 '주인공 자신'이다. 즉, 주인공은 '어른이 될 시기가 온 것을 이해하고 성장하지 않으면 안 된다고 생각하는 자신'과 '아직 어른이 되고 싶지 않은 자신'으로 분열되어 있다는 이야기이다.

다만 적이 자신이라는 답변에 관해서는 좀 더 생각해볼 필요가 있다. 그 점은 다른 질문에서 다시 한번 검증하겠다.

질문 12

주인공과 적의 가치관, 사고방식은 어떻게 다른가.

해설

적이란 '주인공과 반대 방향에서 자기실현을 이루는 캐릭터'이다. 〈스타 워즈〉에서 다스베이더가 적인 이유는 악의 제국을 만들려고 했기 때문이 아니라 '제다이 혈통'으로 태어났으면서도 제다이가 되지 않고 다크사이드로 넘어갔기 때문이다. 이야기 구조가 통과의례와 평행 관계인 이상, 결국 넓은 의미에서의 이야기는 모두 '자기실현' '자아 찾기'이다. 이야기 속에서 주인공이 이루고자 하는 자기실현과는 정반대 방향으로 가고, 또한 주인공의 자기실현을 말하자면 '다크사이드'로 끌어당기려고 하는 인도자 역할이 바로 적이다.

어슐러 K. 르 귄의 『어스시의 마법사』[6] 제1부에서 게드는 마법사의 미션으로 용을 퇴치한다. 하지만 정작 게드가 싸우는 상대가 사악한 마법에 물든 게드 자신의 '그림자'였던 점을 떠올려보자.

답변의 예와 코멘트

답변 예 12 : 어머니를 어머니로서 좋아한다고 인정하는 자신과, 어머니의 또 다른 모습을 인정하지 못하는 자신.

이것은 좀 더 깊이 생각해볼 필요가 있다. 어머니를 좋아하는 자신과 싫어하는 자신을 다른 표현으로 써보면 어떻게 될까. 애시당초 주인공은 어머니가 흡연하는 모습에 분노와 비슷한 감정을 품게 되었다. 그런 어머니를 용서하지 못하는 자신은 어머니가 어머니의 모습 이외에 다른 부분이 있다고 인정할 수 없는 것인데, 자신이 의존하는 어머니상이 부정됨으로써 실은 주인공 자신이 모녀 관계에서 자립하여 어른이 되지 않으면 안 되는 단계에 도달하는 것이다. 즉, 주인공 안에 있는 두 명의 자아는 '어른이 되는 것'을 둘러싼 가치의 대립이기도 하다. 답변자는 어머니를 좋아하는 마음을 좀 더 깊이 파고 들어가볼 필요가 있을 듯하다.

질문 13

주인공의 옆에서 목적 달성을 도와주는 캐릭터는 누구인가.

해설

프로프가 말하는 '조력자'를 가리킨다. 이 캐릭터는 주인공 앞에 증여자나 문지기로 등장하는 경우가 많은데, 자기자신을 주인공에게 조력자로서 증여하는 형식을 취한다. 〈스타 워즈〉에서는 한 솔로나 C-3PO 등 파티의 구성원이 이에 해당된다. 『셜록 홈즈』 시리즈라면 홈즈의 파트너인 와트슨, 〈X파일〉에서는 멀더의 파트너인 스컬리가 이에 해당한다. 파티의 구성원 중 한 명, 혹은 콤비는 이야기 구조상 조력자로서의 기능만이 아니라, 각본이나 영상으로 만들 때에 관객의 시점을 대변하는 '아바타'로서의 역할을 맡게 되기도 한다. 예를 들어 너무 평범한 주인공이 주인공으로서 뭔가 특별한 자질을 갖고 있다는 사실을 관객 시선에서 봐도 알기 쉽도록, 남보다 훌륭한 캐릭터의 시선을 통해 말하는 수법이다. 루크와 한 솔로의 관계가 그런 셈인데, 이 경우 한 솔로가 '버디'이다. 본래 주인공을 맡아도 충분할 한 솔로가 루크를 돌보는 모습을 통해 관객의 눈에는 루크가 주인공으로 '보이는' 것이다. 툭하면 UFO니 앱덕션abduction(UFO에 의한 납치)이니 떠드는 별난 인물인 멀더에 비해 냉정하고 관객보다 먼저 지적을 하는 스컬리를 통해서 시청자는 멀더의 특이한 캐릭터를 이해할 수 있게 된다.

답변의 예와 코멘트

답변 예 13 : 같은 반 불량소년. 인정하지 못하는 자신.

이야기는 주인공이 이 소년과 관계를 가지면서 전개되는 것 같다. 아까 〈질문 1〉에 대한 답변은 서두 부분만 인용했으므로 이 소년을 언급한 부분을 좀 더 인용해보겠다.

> 불량소년은 "어머니를 싫어한다"고 말했다. 주인공도 어머니가 싫다고 말한다. 어제 결석한 것 때문에 다음 날 학교에 가서 교무실에 불려가 가벼운 설교를 들었다. 거기에 불량소년도 있었다. 불량소년은 평소 학교를 빠지는 정도로는 그런 설교까지 듣지는 않았지만, 이번에는 뺨에 멍이 들어 있어서 불려왔던 것이다.
> "싸운 거 아냐?"라고 의심하는 교사들에게 불량소년은 "엄마한테 맞았다"고 웃으면서 말하고 교무실을 나가버렸다. 주인공의 귀에 교사들끼리 작게 숙덕대는 소리가 들렸다.
> 친구한테 그 얘기를 했더니, 불량소년은 교실에 돌아오자마자 금방 화가 난 채로 다시 나갔다고 한다. 주인공은 불량소년이 감추고 있는 감정을 알 수 없었다. 하지만 해변가에서 불량소년과 만나 이야기를

나누면서 소년의 표정 변화나 말투를 보고, 소년은(소년도) 사실 어머니를 좋아하는 것이라고 주인공은 생각하게 된다.

그 며칠간 어머니의 기분도 원래대로 돌아왔기 때문에 그 모습을 보고 주인공은 역시 어머니를 좋아한다고 자신의 감정을 확인한다.

주인공은 자신과 마찬가지로 어머니에 대한 굴절된 감정을 가진 소년과 함께 있음으로써 진정되는 것 같다. 또한 이 부분을 읽으면 불량소년이 그저 주인공과 행동을 같이 하면서 그녀를 돕는 것만이 아니라, 어머니에게 실망하여 정신적으로 고독한 상태가 된 주인공을 일시적으로 보호하는 것처럼 보인다.

결론적으로 말해서 이 소년은 프로프가 말한 '조수'에 해당하지만, 그와는 다른 속성도 갖고 있는 듯하다. 이에 대한 것도 뒤에 이어질 질문과 답변을 통해 알 수 있을 것이다.

> **질문 14**
>
> 주인공을 돕는 중심적 캐릭터가 주인공을 돕는 이유는 무엇인가.

해설

이 캐릭터는 주인공의 가치관이나 미의식, 내적인 목적 등을 관객 또는 독자 시선에서 설명해주는 역할을 한다. 주인공 이외에 나레이션 역할이 필요할 경우에는 보통 이 캐릭터의 1인칭이 된다. 주인공의 어떤 부분을 이 캐릭터가 긍정하는지를 생각해보자.

답변의 예와 코멘트

> **답변 예 14** : 주인공과 자신이 비슷한 처지에 있으니까.

이 전 플롯을 읽어보면 주인공이 볼 때에 이 소년이 자신과 '비슷한 처지'에 있는 것일 뿐, 소년도 똑같은 이유에서 주인공에게 친근감을 갖고 있는지는 알 수 없다. 소년의 눈에는 주인공이 어떻게 비칠까.

이미 말한 바와 같이 이 캐릭터는 주인공을 객체시하는 존재이다. 이 작례에서와 같이 실제 자신을 반영한 주인공일 경우, 작자가 주인공을 객관적으로 보는 것이 매우 어렵다. 이 질문은 답변자가 객체화해서 답변하도록 요구하는 의미도 있다.

　소년 역시 주인공에 대해 어떤 식으로든 같은 '냄새'를 느꼈을 것이다. 하지만 앞에서 '일단 써본' 플롯을 읽어본 바로는 소년과 어머니의 관계가 더 복잡해보이면서도, 난폭해진 어머니를 어쩔 수 없다고 어느 정도 받아들이고 있는 듯하다. 반면에 소녀는 어머니를 받아들이지 못하고 있다. 아니 좀 더 자세히 들여다보면 그런 불안정한 자신을 받아들이기 힘들어한다. 그렇다면 '불안정한 어머니'를 나름대로 받아들이고 있는 소년에게 소녀는 어떻게 보일까. 그리고 그런 소녀는 소년한테 무엇을 원할까.

　거기에 연애가 성립한다면 이야기는 간단하다. 그렇게까지 한꺼번에 이야기를 전개하지 않더라도 소년은 역시 소녀를 이성으로 보고 있다. 다만 연애 감정보다 보호자적인 감정이 더 큰 듯하다. 그 이유는 아마도 이 답변자의 이야기에서 '아버지'라는 존재가 완전히 빠져 있는 것과 관련이 있을지도 모르겠다.

> **질문 15**
>
> 주인공을 보호하거나 주인공이 성공하는 포인트가 되는 힘, 아이템, 아이디어, 지혜 등을 부여하는 캐릭터는 누구인가.

해설

이것은 설명할 필요도 없이 프로프가 말한 증여자, 캠벨이나 보글러가 말한 현자에 해당한다. 주인공은 어린 시절을 끝내고, 그때까지 있던 장소에서 떨어지려고 한다. 말하자면 일종의 '분리 불안' 상태에 있는 것인데, 이미 부모의 보호 속으로 돌아갈 수는 없는 상황에 내몰려 있다(물론 이것은 모두 상징적으로 그렇다는 의미이다).

이때 불안하기는 마찬가지인 주인공을 보호하는 캐릭터가 등장해서, 보호의 구체적 행동으로서 아이템이나 지혜를 주고 주인공을 인도한다. 프로프가 분석한 마법민담에서는 주인공에게 내면이 존재하지 않기 때문에 이동 수단을 증여하고 대결해야 할 적이 있는 장소에 공간적으로 인도해주지만, 현대적인 이야기에서는 〈스타 워즈〉처럼 포스의 사용법 같은 구체적인 기술을 가르쳐주면서 정신적으로도 이끌어준다. 〈양들의 침묵〉에서는 렉터 박사가 클라리스의 트라우마를 이해해줄 유일한 현자이다. 그가 주는 것은 아이템이 아니라 좀 더 내적인 제안이다. 미야자키 하야오의 애니메이션을 보면 〈이웃집 토토로〉

에서는 토토로가 '현자', 고양이 버스는 이동 수단으로서의 '조력자'이고, 〈센과 치히로의 행방불명〉에서는 유바바가 '현자'이고, 치히로가 받게 되는 임시 이름인 '센'이 아이템에 해당한다.

답변의 예와 코멘트

  답변 예 15 : 어머니와 함께 걷고 있는 작은 아이.

이 답변은 타당할까. 답변자 내면에서 갑작스럽게 주인공과 '우연히 지나친 모자母子'라는 캐릭터가 튀어나왔다. 이 질문에 답하고자 억지로 만든 것 같은 느낌이 든다. 답변자가 〈질문 1〉에서 '일단' 답한 플롯에서도 이 캐릭터는 나오지 않다. 증여자로서 이 캐릭터를 어떻게 평가해야 할지, 그리고 이 질문에 대한 답변자의 올바른 대답은 어때야 하는지는 이와 관련된 〈질문 16〉의 답변과 함께 생각해보자.

> ## 질문 16
> 주인공이 〈질문 15〉의 캐릭터에게 원조를 받는 이유는 무엇인가.

해설

예를 들어 오비완이 루크에게 광선검을 주는 것은 루크가 제다이 혈통의 계승자이기 때문이다. 즉, 혈통 때문이다. 하지만 애시당초 증여자나 현자는 주인공에게 무언가를 증여하거나 인도해주는 역할을 갖고 있다. 캐릭터에게 내면이 필요 없는 신화, 민담에서라면 왕족 혈통이라는 이유만으로도 가능하겠지만, 현대적인 이야기에서는 모든 주인공이 성스러운 혈통의 계승자일 리도 없고 오히려 평범한 보통 사람인 경우가 많다. 옛날이야기에서는 평범한 캐릭터가 신에게 무언가를 증여받게 될 경우, 사전에 자신도 의식하지 못한 형태로 신에게 무언가를 바쳤고 그에 대한 보답으로 증여를 받게 된다.

옛날 어떤 곳에 가난하게 사는 정직한 노인이 있었다. 연말에 산에서 나무를 베어 떡을 찧는 방망이를 만들어 시장에 팔러 가지만 너무 늦어서 하나도 팔지 못했다. 저녁이 되자 풀죽은 목소리로 "떡 찧는 방망이는 있지만 새해는 뭘로 넘길까"라고 중얼거리며 돌아간다. 가는 도중에 연못 제방을 지나면서 "떡 찧는 방망이 한 개를 용왕님께

헌상하겠습니다"하며 연못으로 던졌다.

(『일본 옛날이야기 대성 제 5권 : 본격옛날이야기 4』, 세키 게이고 지음,
가도카와쇼텐, 1978)

이런 식의 스토리는「우산 지장보살」등 가난한 사내가 신에게서 예상치 못한 보답을 받는다는 식의 옛날이야기에 공통적으로 등장하는 발단 부분이다. 사실 〈이웃집 토토로〉(이하 〈토토로〉)는 이런 형식을 그대로 원용했다. 〈토토로〉 서두에서 메이와 사쓰키는 장작을 나르다가 장작이 바람에 날려 올라갔는데 떨어지지 않는 장면이 나온다. 그냥 흘려봤을 가능성이 높지만 바로 이 부분이 메이와 사쓰키가 토토로에게 '증여'와 '보호'를 받게 되는 이유이다. 꼼꼼하게 살펴보면 〈토토로〉에는 사쓰키와 메이, 그리고 토토로 사이에 '주고, 받는' 커뮤니케이션이 자세히 그려져 있다는 것을 깨닫게 된다.

마찬가지로 단편 〈메이와 아기고양이 버스〉에서도 메이가 아기고양이 버스에 캐러멜을 '주는' 장면이 서두에 있고, 그 다음 아기고양이 버스가 메이를 태워주는 전개이다. 미야자키 하야오는 'A를 주고 그 답례로 B를 받는다'라는 플롯을 이야기의 표층에서는 결코 강조하진 않지만, 토토로와 사쓰키, 메이가 '교환'이라는 커뮤니케이션 형식을 자연스럽게, '그러나 항상' 취하도록 만들고 있다.

메이와 사쓰키가 마음이 깨끗하니까, 혹은 아이라서 토토로가 보인다는 식의 논리를 자주 볼 수 있지만 실제로는 '교환'이라는 커뮤니케이션이 토토로와 아기고양이 버스를 끌어들였다는 이야기론적

장치가 담겨 있는 것이다. 이것은 신과의 커뮤니케이션이 교환이라는 형식을 통해 가능해진다는 점에서 문화인류학적으로 정확하다. 한편으로는 〈토토로〉라는 작품이 언니인 사쓰키가 아니라 동생 메이의 시선으로 만들어져 있는데 아이의 입장에서야말로 교환이라는 커뮤니케이션은 설득력이 있는 것이다.

이야기가 조금 옆으로 샜지만, 증여자와 현자가 주인공에게 무언가를 증여할 경우에 그 전 단계에서 계기가 되는 에피소드가 필요하다는 뜻이다. 물론 〈양들의 침묵〉의 렉터 교수처럼 클라리스를 한 번 본 것만으로 그녀의 본질을 깨닫는 전개도 가능하고, 답변자가 준비한 것처럼 우연히 만난 캐릭터가 결과적으로 주인공에게 있어 현자에 해당하는 역할을 하는 전개도 가능하긴 하다. 하지만 증여자, 현자에게 있어 주인공이 어떻게 비치는가, 즉 주인공을 외부에서 객체로서 보는 자세는 〈질문 15〉와 마찬가지로 작자에게 요구되는 것이다.

답변의 예와 코멘트

답변 예 16: 어머니와 함께 가는 아이의 모습에 자신의 어릴 적 일을 떠올렸기 때문.

'우연히 목격한, 어머니가 데리고 가는 아이의 모습을 보고 옛날 자신과 어머니 관계를 떠올리는 계기가 되었다'는 캐릭터는 〈질문 15〉, 〈질문16〉에 대한 답변으로서 타당하지 않은 것 같다. 그 이유는 이 작품에 명확한 형태로 증여자 내지 현자가 이미 출현하고 있기 때문이다. 이미 눈치챘겠지만 주인공이 자신과 닮은 존재로서 공감하고 있는 존재인 소년이 그와 같은 역할에는 더 적합하다. 소년이 주인공을 돕는 이유는 자신의 어머니와 소녀에게서 같은 성질의 무언가를 느꼈기 때문일 것이다. 소년이 골치 아픈 어머니를 받아들이고 있는 것은 소년의 어머니보다 소년이 정신적으로 더 어른이기 때문이다. 앞서 주인공이 소년을, 소년이 주인공을 연애의 대상으로 보고 있지는 않다는 사실을 확인했다. 그렇다면 소년은 주인공에게 있어 현자 또는 보호자의 역할을 하게 된다.

캐릭터가 복수의 속성을 겸비하고 있어도 상관없다는 것은 프로프도 말한 바 있다. 예를 들어 렉터 박사는 현자인 동시에 적(즉, 클라리스를 다크사이드로서 자기실현시키려는 것이다)이라는 역할을 통해 캐릭터로서 더욱 매력적일 수 있는 것이다. 프로프의 생각을 따르자면 증여자가 주인공에게 주는 아이템이 사람일 경우, '조력자'라는 속성이 성립하게 된다. 1부에서 살펴본 것처럼 캠벨은 증여자로서의 역할을 강조한다. 보글러는 좀 더 추상적인 인도나 인생의 스승이라는 넓은 개념으로 쓰고 있다.

증여자가 주인공에게 주는 아이템은 발달심리학자 도널드 위니콧[7]이 말하는 '이행 대상', 즉 '라이너스의 담요'[8]라는 내용은 이미 『캐릭터 메이커』에 쓴 바 있다. 미야자키 하야오의 애니메이션에서는 토토로가 증여자 겸 현자이고, 고양이 버스가 증여된 아이템, 즉 라이너스의 담요이다. 요시모토 바나나의 소설 『키친』에서는 미카게가 임시로 사는 집에 함께 사는 여자 같은 남자 엄마가 증여자이고, 유이치라는 캐릭터가 증여되는 아이템이다. 『키친』에서는 주인공과 유이치 사이에 연애 감정이 생기지만, 두 사람이 연인 관계가 되진 못한다. 그 이유는 주인공에게 있어서 유이치는 이성이 아니라 라이너스의 담요이기 때문이다.

답변자의 주인공과 소년의 관계가 변하지 않는 이유도 사실은 똑같다. 소년은 이야기 구조상 현재 증여자이고 소년 자신을 증여했다고 할 수 있다. 물론 그렇게까지 이론적으로 생각하지 않더라도 주인공이 어머니에게 배신당했다고 느끼는 불안 속에 소년한테 보호자 역할을 바라고 있는 것은 명백하다. 따라서 〈질문 15〉, 〈질문 16〉에 대한 답변은 이렇게 되었어야 할 것이다.

답변 예 15 : 소년.

답변 예 16 : 소년은 주인공이 자신의 어머니와 똑같은 불안정한 모습을 갖고 있다고 느껴서 무의식적으로 조금이라도 지켜주고 싶다는 생각을 가졌기 때문이다.

이렇게 생각하면 〈질문 14〉, 〈질문15〉에서의 조력자 역으로 소년과는 별도로 '주인공의 동급생으로 주인공이 어린애 같은 언동을 할 때마다 약간 짜증을 내는' 캐릭터를 아바타 역할로 배치시켜도 좋다. 이처럼 Q&A 도중에 앞의 답변을 수정하는 편이 더 나을 때가 있다. 그때는 수정하거나 가필해도 좋다.

이로써 주로 주인공을 중심으로 하여 캐릭터의 내적인 영역을 정리하면서 이야기에 이어 붙일 준비가 끝났다.

column
카드로 플롯을 만들자

우선 155쪽 〈그림 10〉의 카드를 섞은 후 6장을 뽑는다. 그리고 카드를 뽑은 순서대로 〈그림11〉과 같이 배열한다. 예를 들어 1번 공식, 2번 서약, 3번 성실, 4번 해방, 5번 조화, 6번 생명이란 순서로 카드가 나왔다고 한다면(〈그림 12〉), 그것은 다음과 같은 의미가 된다.

    1. 주인공의 현재 — 공식
    2. 주인공의 가까운 미래 — 서약
    3. 주인공의 과거 — 성실
    4. 조력자 — 해방
    5. 적 — 조화
    6. 결말 — 생명

이 카드의 배치 방식과 의미는 타로카드를 참조했다. 주인공이 앞으로 어떻게 될지에 대해 점을 쳤고, 점괘가 '이야기'인 것이다.
　주인공의 성별과 대략적인 연령, 어떤 장르의 스토리를 만들까 하는 것은 스스로 결정하라. '소년이 주인공인 게임 같은 판타지', '고등학생 남자애가 주인공인 학원물' 정도라도 상관없다. 일단은 고등학교가 무대인 학원물로 주인공은 소년이라고 해두자.

주인공의 현재를 나타내는 '공식'이라는 키워드를 통해 진지하다거나 딱딱하다는 이미지를 연상할 수 있다. 주인공이 과거에 '성실'한 상태였다는 것은 누군가를 만나 그 사람의 영향을 받았다는 걸로 해석이 가능하다. 이처럼 각 키워드의 이미지를 넓혀보면 다음과 같은 플롯 하나가 완성된다(이것은 『이야기 체조』에서 제시한 작례이다).

『스쿨 버스터즈』

소년은 어떤 인물과의 만남을 통해 인생이 바뀐다(성실). → 한때 불량했던 소년이 반장을 맡을 만큼 성장했다(공식). → 어느날 소년은 같은 반 여자아이한테 고백하려고 한다. 하지만 그 사립 고등학교는 이성교제가 금지되어 있었다(조화). → 소년은 교칙에 반대하는 친구와 함께 싸워 학교를 바꾸기 시작한다(해방). → 그리고 그녀에게 고백하는 것을 무사히 성공한다(서약). → 그 후 졸업과 동시에 결혼하여 아이도 낳고 행복하게 산다(생명).

'어떤 인물'이 누구인지도 확실치 않고, 갑자기 아이까지 태어나는 등 여러 가지 문제가 있지만 이 정도로 대략적인 플롯만 준비할 수 있다면 「스토리 메이커」용으로는 충분하다.

여기서부터는 캠벨과 보글러가 제시한 이야기 구조에 기계적으로 집어넣는 Q&A이다. 〈질문 1〉~〈질문 16〉을 통해 주인공과 주요 캐릭터의 내적 영역에 관해 파고들면서 소위 '내면 만들기'를 했으니, 이제부터는 주인공의 외적인 이야기를 전개시켜보자.

질문 17

주인공이 살고 있는 '일상 세계'는 어떤 장소·환경인가.

해설

1부 5장에서 해설한 「영웅의 여행」의 제1단계 '일상의 세계'에 해당하는 부분이다. 주인공에게 일상이란 이제부터 발생할 사건으로 인해 한 번 부서지거나 혹은 거기에서 이탈하지 않으면 안 되는 구체적인 상태이다. 〈레지던트 이블〉에서 앨리스가 남편(이라고 생각되는 인물)과 찍은 사진을 손에 넣는 부분처럼, 실제 작품에서 이 부분을 굳이 길게 묘사할 필요는 없다. 내가 스토리를 맡은 만화 『다중인격 탐정 사이코』에서라면 고바야시 요스케와 애인인 혼다 지즈코의 〈그림 13〉과 같은 장면이다. 애인과의 행복한 날들이라고 할 만한 단락이다.

답변의 예와 코멘트

답변 예 17: 주인공에게는 어머니의 어머니로서의 모습밖에 보이지 않는다. 가끔 보이는 또 다른 어머니의 모습에 조바심을 느끼지만 왜 초조해지는지 이해(정리)가 잘 되지 않는다.

그림 13 『다중인격 탐정 사이코』의 한 장면
(『다중인격 탐정 사이코』, 오쓰카 에이지 원작, 다지마 쇼 그림, 가도카와쇼텐, 1997)

즉, 어머니가 그저 어머니로만 있어줄 뿐 그밖의 다른 누구도 아닌 상태, 주인공이 안심하고 아이로 있을 수 있는 상태이다. 이 일상은 앞서 언급했다시피 '사라질' 운명이다. 흡연을 하는 어머니를 보고서 이 일상은 사라지게 된다. 약간 과장되게 표현하자면 주인공에게 일상은 어머니라는 환상 그 자체가 되는 것이다.

질문 18

일상에 위기가 닥칠 거라 예감하는 사건은 무엇인가.

해설

영화 〈레지던트 이블〉에서는 초반에 갑자기 문이 열리며 안에 있던 비닐 커버가 바람에 흔들린다든지 서랍에 총이 들어 있다든지 하는 연출이 전조에 해당한다. 서스펜스나 호러에서는 중요한 요소이다. 꿈을 꾸거나 기억이 플래시백되기도 하고, 혹은 신문 기사를 통해 보여주는 식으로 대강 연출되기도 한다. 『다중인격 탐정 사이코』 초반에서 사사야마 도오루라는 캐릭터가, 자세히 보면 루시 모노스톤 얼굴이 그려진 범죄 서적을 읽는 것도(〈그림 14〉) 매우 흔한 연출이고, 바로 이 요소에 해당한다. 또 그럴듯하게 요스케가 수수께끼의 기억을 플래시백하는 장면(〈그림 15〉)도 이에 해당한다.

답변의 예와 코멘트

> **답변 예 18**: 어머니는 평소와 마찬가지로 신경질적이다. 하지만 오늘은 보통 때와 조금 다르게 어머니가 방 안에 틀어박혀 있다.

그림 14 『다중인격 탐정 사이코』의 한 장면

그림 15 『다중인격 탐정 사이코』의 한 장면

어머니 기분이 불안정하다는 것은 주인공의 '일상'이다(이 점은 〈질문 17〉의 답변으로 적어뒀어도 좋았을 것이다). 하지만 그날 어머니는 자기 방에 틀어박혀 있다. 그것 때문에 주인공은 평소와 다른 느낌을 받은 것 같다. 주인공이 이제부터 일어날 어떤 사건을 예감하게 하는 에피소드가 되기도 한다.

> **질문 19**
>
> 일상이 어떤 식으로 위기에 처하는지 구체적으로 써보자.

해설

〈질문 19〉는 프로프가 1~7번 기능으로 제시한 가해 행위에 해당한다. 앞서 예를 들었던 『다중 인격 탐정 사이코』를 계속 실례로 인용해보겠다. 고바야시 요스케의 고바야시 요스케로서의 일상에 단숨에 종지부를 찍게 되는, 애인 지즈코의 시체가 스티로폼에 담긴 택배(〈그림 16〉)가 그것이다. 이것이 방아쇠가 되어 그는 아마미야 가즈히코로 각성한다.

답변의 예와 코멘트

　　답변 예 18 : 주인공과 어머니가 평소처럼 말다툼을 하다가 위기에 처한다.

조금 빗나간 답변이라고 할 수 있다. 어머니가 짜증을 내는 것은 '평소와 마찬가지'니까, 평소와는 다른 상태가 필요하다. 〈질문 1〉에 대한 답변이었던 '담배를 피우는 어머니의 모습을 보게 되는 것'이 더 적합할 것이다. 하지만 〈질문 18〉에서 어머니는 평소와 다르게 방에 틀어박혀 있는 상태이다. 그렇다면 주인공이 직접 담배를 피

2장 이야기의 구조를 조립한다　**209**

그림 16
『다중인격 탐정 사이코』의 한 장면

우는 모습을 보는 것이 아니라, 꽁초를 보게 된다든지 거실에 담배가 놓여 있는 것을 보는 등 간접적으로 담배 피우는 것을 깨닫게 되는 식으로 표현해야 하겠다.

> ## 질문 20
>
> 주인공이 행동에 나서는 계기가 되는 '사자使者' 또는 '의뢰자'는 누구인가

해설

캠벨이나 보글러가 말한 주인공을 '모험으로 소환하는 캐릭터'를 말한다. 계기가 되는 사건을 직접 주인공에게 가지고 오는 메신저 역할을 한다. 마찬가지로 『다중인격 탐정 사이코』의 초반부로 설명하자면 지즈코의 시체가 담긴 택배를 배달하는 시마즈 히사시이다(〈그림17〉).

답변의 예와 코멘트

  답변 예 20 : 불량소년.

이 답변은 잘못되었다고 본다. 정확히 말하자면 어머니이다. 담배를 피움으로 해서 이야기의 발단이라고 할 수 있는 '계기가 되는 사건'을 일으키는 것은 어머니이다. 1부에서 본 것처럼 주인공이 의뢰를 받고 여행을 떠날 경우와 계모에 의해 강제로 쫓겨나는 경우가 다 파견이라는 기능이었음을 떠올려보라. 어머니가 지금까지와는 다르다며 화를 내며 집을 뛰쳐나가는 주인공의 행동은 후자의 전형적인 패

그림 17 『다중인격 탐정 사이코』의 한 장면

턴이다. 옛날이야기에서의 계모는 아이를 강제적으로 자립시키려는 어머니의 또 다른 측면을 상징하는 캐릭터인 것이다.

> ## 질문 21
>
> 주인공은 행동에 나서기를 주저하거나, 누군가에게 저지당한다.
> 그 부분을 반드시 만들어보라.

해설

이것은 캠벨이 말한 '소명의 거부'이다. 출발하는 것에 대한 주저나 어른이 된다는 것에 대한 두려움 때문에 주인공 자신이 거부하는 행동을 취한다. 『다중인격 탐정 사이코』에서는 고바야시 요스케가 지즈코가 무참하게 살해당한 상황이라는 현실을 받아들이지 못하는 것에 해당한다. 고바야시 요스케가 현실을 받아들이길 거부했기 때문에, 아마미야 가즈히코나 니시조노 신지라는 인격이 차례차례 각성하게 된 것이다.

답변의 예와 코멘트

> **답변 예 21** : 어머니의 방에서 무심코 담배를 가지고 나온다.

이 작품 전체가 말하자면 '모험에의 소명'과 '거부'하는 마음 사이에서 갈등하는 주인공의 심리 그 자체가 테마이다. 그렇기 때문에 어머니가 담배를 피운다는 사실을 깨닫고 그 현실을 받아들이기를 거부하는 주인공은 어머니에게서 담배를 멀리 떨어뜨리려는 듯이 가지고 나온다. 이 행동이 '소명의 거부'에 해당한다고 생각해도 좋을 것이다.

질문 22

주인공의 행동에 터부를 부여하겠는가.

해설

주인공이 '출발'한 뒤, 즉 스토리가 발동한 뒤에 주인공의 행동을 제한하는 규칙이나 캐릭터를 말한다. 이것은 단순히 연출상의 테크닉으로서 미국 드라마 〈24〉처럼 24시간 안에 해결하지 않으면 안 된다는 악조건을 부여할 수도 있다. 한편으로는 주인공의 트라우마나 주인공에게 짐이 되는 캐릭터를 설계해두면, 주인공의 내적 결락을 스토리 라인에 결합시킬 수 있다.

답변의 예와 코멘트

답변 예 22 :

1. 어머니가 담배를 피울 때엔 방에 들어가서는 안 된다.
2. 다른 사람한테 어머니가 담배를 피운다는 말을 못하다 보니, 불량소년은 주인공이 담배를 가지고 있는 것을 보고 그녀가 담배를 피운다고 오해한다.

두 가지 흥미로운 금기가 나왔다. 우선 2번에서 소년한테 담배를 피운다는 오해를 받는데도 진실을 이야기할 수 없는 상태에 처해 있다는 점이다. 말하자면 주인공은 소년에게 오해를 받게됨으로써 잠시 동안, 거창하게 말하면 '담배를 피우는 나'가 된다. 증여자, 현자의 역할 중에는 주인공에게 '이동 수단'이나 '이행 대상' 격인 아이템을 부여하는 것 말고도 가상의 모습을 제공한다는 것이 있다. 『캐릭터 소설 쓰는 법』에서 설명한 바와 같이 이 경우는 〈센과 치히로의 행방불명〉에서 '치히로千尋'가 '센千'이 되는 것이나, 「이즈의 무희」에서 서생이 무희에게 대나무 지팡이를 받는 단락에 해당한다. 또한 현자 역을 맡은 소년에게 담배를 피운다고 오해받게 되면서 소년이 소녀에게 관심을 갖는 계기가 되기도 하고 어른인 척하려는 자기 모습을 연기할 수도 있게 된다. 즉, 소년을 통해 '가상의 모습'을 부여받게 된다는 말이다.

   2번 답변은 사실 상정하지 못한 내용이었다. 그러나 답변자 속에서 작품이 천천히 구조화되어 가는 모습이 느껴진다. 플롯을 심화시키는 데에 있어 중요한 것은 1번 답변이다. 어머니가 담배 피우는 방에 주인공이 들어가지 못한다는 요소는 이미 〈질문 18〉의 답변 등에서 암시되어 있었지만, 주인공의 금기로 다시 한 번 답이 나왔다. 그 의미는 〈질문 23〉과 결부해 곰곰이 생각해보자.

질문 23

주인공에게 '일상'과 가장 멀리 떨어진 장소는 어디인가.

해설

「영웅의 여행」 후반부에 제시된 캠벨과 보글러의 '가장 위험한 장소로의 접근'을 말한다. 대부분 이 장소에는 적이 있다. 〈센과 치히로의 행방불명〉에서는 제니바의 집이 여기에 해당된다. 영화 〈오션스 일레븐〉에서는 훔친 트렁크가 들어 있는 금고이다. 사이코 서스펜스의 경우에는 범인이 있는 장소가 되겠다. 그곳은 주인공에게 여행이나 모험의 목적지이다. 동시에 상징적으로 말하자면 죽은 자의 나라 맨 깊은 바닥이다. 『해변의 카프카』에서 카프카가 몸을 감추는 오시마 씨의 로그하우스가 있는 숲보다 더 깊은 곳에 있는, 소녀의 모습인 어머니가 사는 집도 마찬가지이다.

답변의 예와 코멘트

답변 예 23: 어머니가 담배를 피우고 있을지도 모르는 방 안에 들어가려고 한 적이 있었다. 하지만 자신과 어머니의 관계가 어떻게 될지 두려워서 문을 열지 못한다.

'들어가면 안 되는 금기의 방'은 가장 위험한 장소이므로, 주인공의 일상에서 가장 먼 장소에 위치한다는 것은 지금까지의 답변을 감안하면 당연한 설정이다. 하지만 이 답변에 도달했다는 사실이 매우 중요한 이유는 이 답변자에게 있어 지금까지의 Q&A는 이 '방'을 발견하기 위한 과정이었다고 해도 과언이 아니기 때문이다. 방 안에는 주인공이 받아들이고 싶지 않은 '현실 속 어머니'의 모습이 있고, 그렇기에 그곳은 금기의 방이다.

나는 이 답변을 읽으면서 정신과 의사 기타야마 오사무가 쓴 다음과 같은 문장을 떠올렸다. 옛날이야기 「저녁 학」에서 학인 아내 '쓰'가 남편인 '요효'한테 미닫이문 안쪽을 엿보면 안 된다고 금지했는데 그것이 깨지는 것에 관한 정신분석학적 해석이다.

'겉만 번드르르한' '둘만의 세계'에서는, 학은 아름다운 '착한 아내'가 되고 어리석은 남자가 사람 좋은 인물이 되며 두 사람은 서로 '아이처럼' 사랑한다. 하지만 '나 말고 다른 무엇을 원하는 건 싫어'라는 쓰의 바람에도 불구하고 현실감과 자율성을 가지기 시작한 요효는 둘만의 세계에서 나갔고, 쓰에게 있어 '나에게는 알 수 없는 세계의 언어로 말하기 시작'한 것이다. 여기에서 애정을 부여하는 측과 희구하는 측의 관계에서 외적 대상 쪽의 헌신을 통해 실제로 주어진 것과 본인이 요구한 것 사이에 불일치가 발생했고, 그것이 나중에 '쓰를 쓰라고 생각할 수 없다'는 환멸의 과정으로 이어진다. 그가 환멸하는 부분에서 쓰는 쓰가 아니라 짐승인 학인 것이다.

'이 나라'에서의 현실적인 시선을 금지하는 것이 쓰의 '보지 말라는 금지'이다. 필자는 이 '보지 말라는 금지'를 『고지엔』(이와나미쇼텐) 사전의 '환멸'이라는 항목이 정의한 '환상에서 깨어 현실로 돌아가는 것', '지금까지 미화되고 이상화되어 있던 사실이 환상에 불과했다는 것을 깨닫는 것'이라는 의미에서의 환멸에 대한 방어적 불안의 산물이라 본다. 이것은 내적 욕구와 외계가 일치하는 체험이 망가져 '불일치'에 직면하기 전에 작용하는 주의 신호와도 같다. 그리고 이를 위반한 주인공이 직면하게 되는 쓰의 짐승으로서의 모습은, 어린아이의 욕구와 어머니의 헌신을 통해 일체화했던 두 사람이 환멸을 체험할 때의 인상을 나타낸 것이다.

(『증보판 비극의 발생론』, 기타야마 오사무 지음, 곤고슛판, 1982)

기타야마 오사무도 이 책 117~118쪽에 언급했던 이자나기가 이자나미를 찾아가 아내(이자나미)가 불을 켜지 말라고 금지했는데도 그것을 깨뜨려 아내의 추한 망자로서의 모습을 보고 저승에서 도망쳐오는 일화 등을 언급하며, 일본의 민담에는 주인공에게 '보면 안 된다'고 금지가 부과된 후 이를 깨뜨리는 경우가 많다고 지적했다. 기타야마가 인용부의 결론에서 말했듯이 '보면 안 되는 방'의 이야기는 아이와 어머니가 일체되어 있는 감미로운 관계가 아이의 성장으로 인해 파탄을 맞게 되면서 시작된다.

아이는 눈을 덮고 싶은 어머니의 '현실'을 직시하고 어머니에게 '올바르게' 환멸함으로써, 모자 분리를 이룰 필요가 있다. 기타야마는 이것을 상징적인 이야기라고 생각했다. 그와 같은 금기를 기타야마는 '보지 말라는 금지'라고 부르며 그것이 '금기를 범하고 → 환멸하고 → 이별한다'는 과정을 따른다고 지적했다.

또한 기타야마는 일본의 정신의학계에서는 매우 고전적인 사고방식이 되어버린 도이 다케오[2]의 '응석' 이론에 입각해서 말한다. 일본인은 이와 같은 모자 분리라는 통절의 극치에 직면해서, 한층 더 상대방과의 일체감을 원하는 마음이 강한데, 그것이야말로 도이 다케오가 말한 '응석'이라고 지적했다. 즉, 일본인이 쓰는 이야기는 '보지 말라는 금지' 이야기의 결말에 가지고 와야 할 '현실 속의 어머니'(즉, 타인으로서의 여성)를 수용하는 데에 곤란을 겪고 있다고 암암리에 논한 것이다. 하지만 기타야마는 그와 같은 모자 분리의 이야기를 올바르게 논하지 못하는 것은 전부 남성이라고 말한다.

> '보지 말라는 금지'는 또 한 가지의 중요한 요소다. 남자 주인공은 이 금지를 깨뜨림으로써 대개의 경우 아름다운 여성 대신 동물을 보게 된다. 이는 어기기 쉬운 터부이기 때문에, 남자 주인공이 그것을 깨뜨림으로써 분열된 '좋은' 어머니와 '나쁜' 어머니의 추한 혼합물을 직면하게 되는 것이다. 남자 주인공에게 '동물화'는 전체 대상을 받아들이기에는 능력이 부족하다.
>
> (『증보판 비극의 발생론』)

기타야마 오사무는 이 '보지 말라는 금지'는 어디까지나 남성 측에서 본 모자 관계를 둘러싼 이야기일 뿐, 옛날이야기를 분석해서 생각해본 바에 따르면 이 나라(일본)의 남성은 '어머니라는 현실'을 받아들일 '능력'이 부족하다고 말한다. 매우 흥미로운 지적이다. 나는 과거 이시하라 신타로[3]의 소설에 이런 '보지 말라는 금지'가 반복되어 나타나는 것을 지적한 바 있는데, 이시하라 신타로의 소설 속 주인공들은 작자가 별 의미도 아니면서 "그들은 모두 어머니에게는 어리광쟁이였다"고 썼던 것처럼, 말 그대로 '어리광쟁이'였다. 다음과 같은 단락이 그러한 예라 할 수 있다.

아버지와 자식의 애정이든, 우정이든 전부 똑같은 것 아니겠는가. 그러나 다만, 그들은 모두 어머니에게는 어리광쟁이였다. 그들은 자기 자신의 어머니만이 아니라 친한 친구의 어머니에게도 어리광을 피우는 일이 잦았다. 과거 어머니에게서 떨어져 나온 그들의 시선에 잡힌 바깥 세계 여성들은 의도치 않게 그들을 매우 실망시켰고, 그들은 다시 어머니에게로 도망쳤다. 하지만 그 도중에 대부분은 소위 '습득물'로서 여자를 알고 오는 것이다. 이런 것들이 그들의 어머니에 대한 기이한 어리광을 키운 것이겠다. 그러기에 그들 중에서, 딴 살림을 차리고 집을 비운 아버지에 대한 화풀이로, 젊은 애인을 만든 어머니의 얼굴을 발로 찼다는 친구가 경악과 선망이 섞인 태도로 받아들여지고 어른 취급을 받을 수 있었던 것이다. 하지만 이런 감정 속에 조금도 비난의 그림자가 보이지 않는다는 것은 기묘할 정도였다.

(『태양의 계절』, 이시하라 신타로 지음, 신초샤, 1957)

어머니가 애인과 함께 있는 곳에 뛰쳐들어가(즉, 보지 말라는 금기를 깬 것이다) 어머니를 발로 찬 친구가 같은 무리들 중에서 존경받는 이유는 결국 금기를 깼으면서도 '환멸→이별'은 이루어지지 않았기 때문이다. 그것은 발로 차든 무슨 짓을 하든 엄마는 용서해줄 것이라는, 실로 '마더 콤플렉스'적인 어리광일 뿐이다.

이시하라 신타로는 『화석의 숲』에서 어머니와 애인이 있는 장소에 뛰쳐든 청년을 주인공으로 해서 그가 그의 여자친구와 다른 남자가 있는 곳에 뛰어 들어가는 단락을 이와 같이 묘사했다.

입구 유리문이 잠겨 있었다. 하루오는 안쪽을 향해 그녀의 이름을 한 번 불렀다. 대답하는 듯한 기척이 있었다. 하지만 확인하기도 전에 그는 발로 유리를 깨고 손을 넣어 걸쇠를 풀고 문을 열었다.

시멘트 바닥에서 달려 올라가 미닫이문을 열었더니 두 사람이 있었다. 현기증을 느끼면서 그는 자세히 확인해봤다. 과거와 현재가 착란하는 듯한 시간의 착각은, 착각이 아니라 지금 두 눈 앞에 있었다. 예감은 정확했다. 모든 것이 옛날과 똑같았다.

위치가 흐트러진 가구, 바닥에 벗겨져 있는 남자의 상의, 뒤집어져 있는 그녀의 핸드백, 그리고 놀라 당황하며 몸을 돌려 그를 올려다보는 두 남녀. 아찔한 방 안의 난잡함. 자욱이 낀, 숨이 막힐 듯한 사납고도 달콤한 열기. 그 순간 여자는 몸을 바로잡기도 전에 자신의 몸 위에 있던 남자를 밀어젖히고 방 구석으로 도망쳤다.

그것은 있을 수도 없는, 다른 모습의 시오미 기쿠에였다. 하지만 그는 이미 그녀의 모습을 알고 있었다. 그녀는 도망치며 뭐라고 외쳤다. 그는 이미 그 목소리를 들은 적이 있다고 생각했다.

이제야 나 자신으로 돌아왔다는 느낌이 들었다. 바로 이것을 위해 지금까지 시간이 흘렀던 것이다. 아니, 과거에 있었던 일 사이에 사실은 흘러간 시간 따윈 없고, 그때 그 순간부터 자신은 여기 이렇게 있던 것 같은 느낌도 들었다.

(『화석의 숲』, 이시하라 신타로 지음, 신초샤, 1982)

그것은 현실 수용의 아픔이 아니라 "이제야 나 자신으로 돌아왔다"는 어머니와의 일체화된 관계속으로 심리적으로 다시 돌아가는 장면으로 그려져 있다. 이시하라 신타로의 소설 주인공은 '보지 말라는 금지'를 깨더라도 어머니한테서 자립하지 못한다. 오히려 이 금기를 깨보임으로써 반대로 농밀한 모자 관계가 증명되는 것으로까지 보이기도 한다. 이처럼 이시하라 신타로 등 '문학'에 근거해서 봤을 때, 그것이 묘하게 마초적인 남자인 척하는 이 나라의 남성작가들의 공통적 한계라는 내 개인적인 견해는 『서브컬처 문학론』(아사히신문사, 2004)이라는 책에도 서술한 바 있다.

하지만 지금 「스토리 메이커」에 맞춰 '보지 말라는 금기'의 이야기를 만들어가고 있는 답변자는 여성이다. 당연하겠지만 여성에게도 남성과 마찬가지로 어머니와의 이별은 찾아온다. 게다가 그녀는 기타야마 오사무가 남성의 눈으로 본 모자 분리의 이야기라고 했던 '보지 말라는 금지'를 '어머니가 몰래 담배를 피우는 방'이라는 형태로 플롯화

했고, 이 금기를 깸으로써 어머니의 현실을 수용할 수 있을지의 여부를 주제로 삼고자 한 것이다. 어쨌든 그녀는 이야기의 클라이맥스인 '가장 위험한 장소에 접근'에 '보지 말라는 금지'를 배치했으니까.

혹시 내가 미리 이 여학생에게 기타야마 오사무의 책을 알려줬고 그것을 답변에 응용한 것이라고 생각하는 분이 계신다면 정말 오해이다. 이 답변을 보고 나서 수업 중에 다시 코멘트해주기 전까지 나는 기타야마 논문에 관해서는 한마디도 언급한 적이 없다. 물론 『서브컬처 문학론』 등 내 평론에는 기타야마 논문에 대한 언급이 있지만, 그녀를 포함하여 나의 학생들은 내가 쓴 문예평론을 단 한 줄도 읽을 생각이 없는 친구들뿐이다. 단언하건대 그녀도 마찬가지이다. 그녀는 자력으로 이 '보지 말라는 금지'라는 플롯에 도달한 것이다.

하지만 그녀가 옛날이야기나 신화에 공통적으로 등장하는 모티프나 주제에 도달했다고 해서 특별히 놀랄 필요도 없다. 이야기의 구조를 가르치다 보면, 가르친 적이 없는 이야기의 구조까지 자력으로 이끌어내는 학생은 매년 반드시 나온다. 그러므로 나의 개인적 관심은 이 나라의 남성 작가들이 하지 못했던 '환멸'을 주인공 소녀는 가능하게 만들 수 있을지 없을지 하는 부분에 있을 뿐이다.

> 질문 24
>
> 주인공은 가장 위험한 장소에서 직면한 문제를 어떻게 해결하고, 그 결과 주인공은 어떻게 변화하는가.

해설

'가장 위험한 장소에서 주인공은 어떻게 행동할 것인가'라는 질문이다. 즉, 루크가 다스베이더와 어떻게 싸우고, 이기고, 어떻게 변할 것인가 라는 '물음'이다.

답변의 예와 코멘트

> **답변 예 24** : 주인공은 방에 들어가지 않는다. 주인공은 해변에서 담배를 피운다. 그럼으로써 어머니를 조금이나마 이해하게 된다.

이것이 그녀가 내린 결론이다. 주인공은 담배를 피우는 어머니와 마주서는 것을 두려워했다. 그렇기 때문에 어머니가 몰래 담배를 피우는 방은 금기였다. 하지만 일부러 그 방을 열고 현실의 어머니를 직시하지 않더라도 이미 주인공에게 어린아이의 시간은 끝나버렸던 것이다. 기타야마 오사무는 애초에 '보지 말라는 금지'는 당사자의 의지나 행동과 관계된 '때가 되면 깨어지는 터부'라고 지적했다. 굳이 담배를 피우는 어머니의 모습을 보지 않더라도, 현실 속의 어머니가 문 너머에 있다는 것을 주인공은 알고 있다. 오히려 문을 열고, 나는 당신의 현실 속 모습에 상처 입었다, 어떻게 할 거냐고 책망하거나, 혹은 이시하라 신타로의 주인공처럼 발로 차더라도 '어머니'는 용서해주겠지 하고 생각하는 것은 어리광이라는 모자 일체감이 계속될 것이라는 기대에 불과하다.

이 시점에서 주인공은 문 너머에 있는 어머니의 현실을 보지 않는 것은 스스로 상처 입지 않도록 하기 위한 것이 아니라, 직접 보지 않더라도 이미 의미가 없다는 것을 이해하고 있기 때문이다. 그러므로 주인공은 어머니가 있던 곳에서 갖고 나온 담배에 불을 붙인다. 이 순간 '그녀는 어머니와의 일체감을 믿고 있던 나'에서 '담배를 피운다고 불량소년한테 오해받았던 나'를 거쳐, 흔한 표현으로 말해서 '어른'이 된다. 담배를 구실로 현실 속의 어머니, 보고 싶지 않던 어머니를 수용하는 것이다. 이것은 이시하라 신타로 소설이나 일본의 옛날이야기에서 문을 열었다가 난리를 치는 남자들보다 훨씬 더 스마트하다.

질문 25

주인공이 목적을 달성하기 위해 잃은 것은 무엇인가.

해설

할리우드 영화의 경우 주인공이 미션을 달성할 때에는 동료가 한 명쯤 희생되게 마련이다. 일종의 산 제물 역할을 하는 셈이다. 또한 이야기에서는 주인공의 성공에 대해 공양이나 어떤 일선을 넘는 행동이 요구되는 경우가 자주 있다. 〈레지던트 이블〉에서는 앨리스가 동료를 모두 잃고, 자신까지도 실험체였다는 현실을 알게 되는 것처럼 말이다.

답변의 예와 코멘트

> **답변 예 25** : 이상적인 어머니.

답변자에게 있어서 주인공이 잃게 되는 것은 이미 명확하다. 흔들림이 없다. 주인공은 어머니에 대해 확실하게 '환멸'한 것이라고 할 수 있다. 이야기는 잃어버린 것의 중요도에 따라 얻은 것의 가치를 표현하곤 한다.

> **질문 26**
>
> 주인공이 적과 직접 대치할 때, 적을 이해하는가. 화해하거나 용서하지는 않나. 용서할 수 없다면 이유는 무엇이고, 어떤 부분을 용서할 수 없는가.

해설

몇 번이나 언급했듯이 적은 주인공과는 다른 방향으로 자기실현을 이룬 존재이다. 적이나 악으로서 그저 쓰러뜨리는 것뿐만이 아니라, 거기에 자신과 동질적인 것을 찾아내는 것이 이야기에 깊이를 준다.

도저히 이해시키고 싶지 않다, 화해시키고 싶지 않은 경우에는 〈질문 12〉에서 주인공과 적의 가치관 차이를 좀 더 설득력 있게 만들어야 한다.

답변의 예와 코멘트

답변 예 26 : 어머니를 이해한다.

답변자는 〈질문 11〉에서 적을 '자신'이라고 답했다. 하지만 여기에서는 '어머니'로 바뀌어 있다. 적이란 주인공과는 다른 형태로 자기실현을 하는 존재다. 가장 위험한 장소에 있다는 이야기 구조상의 평가에 따르자면 어머니가 적이어야 한다.

　아마도 답변자는 당초 어머니를 적으로 상정한다는 것에 심리적인 저항감이 있었던 것 같다. 하지만 적은 결국 융이 말한 '그림자'이다. 약간 지나치게 긍정적인 '나'에 대해서 부정적인 부분이 캐릭터로 형상화된 것이 '그림자'로서의 적이다. 그러니까 적은 그저 쓰러뜨리기만 하면 되는 것이 아니고 받아들여 화해하는 편이 바람직할 것이다. 〈질문 11〉의 코멘트에서 언급했듯 주인공 자신이라는 답변도 틀린 것은 아니다. 그것은 아마도 모든 이야기에 있어서 공통되는 답변이라고 생각한다. 다만 그림자로서의 자신은 이야기에서는 주인공 바깥에 캐릭터화되어 있는 경우가 보통이다.

질문 27

이야기의 결말에서 주인공이 살아가는 환경은 어떻게 변화하는가.

해설

이후 이야기가 어떻게 되는가에 관한 부분이다. 주인공이 '갔다가 돌아온' 장소는, 설령 출발한 것과 '동일한' 지구상의 장소라 하더라도 실은 '다른' 장소이다. 주인공은 성장해서 어린아이로서의 시간은 끝났다는 식으로, 그렇게까지 상징적일 필요는 없고 주인공이 성장해서 사이가 좋지 않던 어머니와의 관계가 좋아졌다는 정도의 결론이라도 충분하다. 또 주인공의 영웅적 행위에 모든 사람이 용기를 얻었다는 식의 변화도 자주 볼 수 있는 결말이다.

답변의 예와 코멘트

답변 예 27 : 불량소년은 가족과 떨어져 자립하고자 한다. 소녀는 더 이상 학교에서 불량소년을 만날 수 없게 된다. 어머니와는 조금 거리를 두고 지내게 된다.

여기서 답변자가 소년과도 일정한 거리를 두도록 한 것은 올바른 선택이라고 본다. 증여자, 현자는 언제까지나 주인공과 함께 있어서는 안 된다. 〈토토로〉가 만약 시리즈로 이어졌더라면 사쓰키에 이어 메이까지도 토토로나 고양이버스를 볼 수 없게 되었을 것이다. 이렇듯 '라이너스의 담요'는 잊혀지지 않으면 안 되는 것이다. 요시모토 바나나의 『키친』에서도 주인공은 유이치 집에서 나온다. 답변자의 소년은 주인공보다 먼저 자립(아마도 결과적으로)함으로써 현자로서의 마지막 역할, 즉 주인공에게 앞으로 살아가는 방식을 보여줬다고도 할 수 있다. 동시에 어머니와의 관계에는 '거리'가 생긴다. 아마도 처음에는 조금 어색하지만 점점 적절한 관계를 만들어갈 것이다.

질문 28

여기까지의 답변을 바탕으로 이야기를 〈그림 18〉의 그래프에 기입해서 정리해 보자.

해설

'갔다가 돌아오는' 그래프 형태로 플롯을 요약한다. C지점의 '가장 위험한 장소'보다 더 앞쪽이 부풀어 있는 경우와 뒤쪽이 부풀어 있는 경우가 있을 것이다.

답변의 예와 코멘트

 답변 예 28 : 〈그림 19〉가 답변자의 답변이다.

〈그림 19〉는 답변자가 기입한 것이다. 어머니라는 '목적'으로서의 모습밖에 모르던 세계에서 출발해서 금기의 방 앞에 서고, 그 다음 해변에서 담배를 피움으로써 '이쪽 편'으로 돌아오고, 그곳은 '어머니와 일정한 거리를 둘 수 있게 된 세계'였다고 하는 '갔다가 돌아오는' 이야기가 그려져 있다.

[ ]에는 캐릭터 등 고유명사를, ( )에는 구체적인 내용을 쓰라.

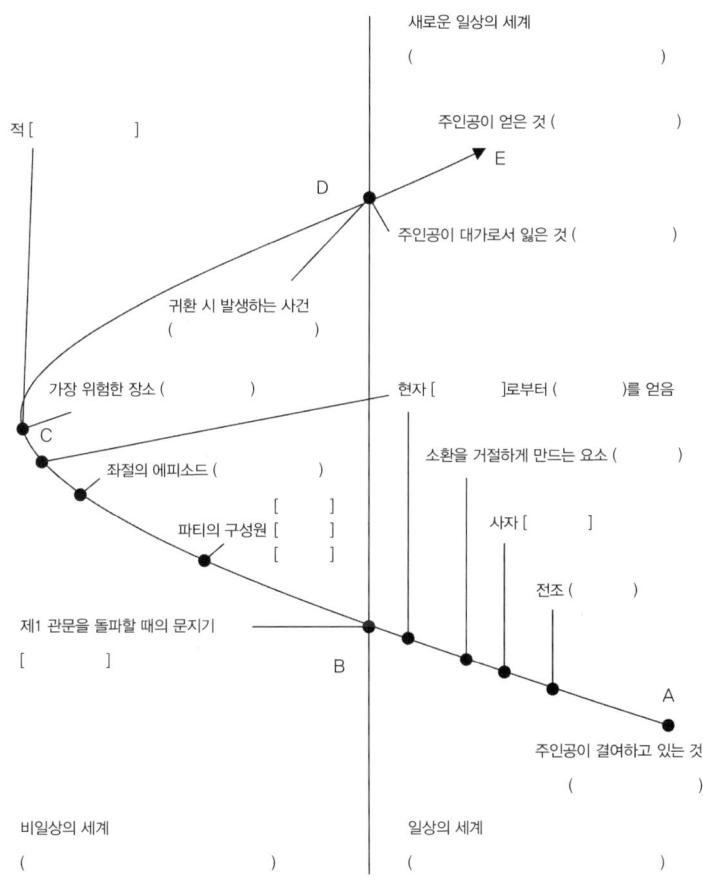

※ 현자의 서포트 포인트 및 문지기의 출현 포인트가 두 개 이상일 경우에는 그래프에 임의로 기입할 것.
※ 시나리오로서는 B→C가 가장 길고, C→D는 매우 짧으며, D→E도 마찬가지로 짧다. A→B가 가장 정형화되어 있는 부분이다.
※ A-B가 제1막, B-C가 제2막, C-E가 제3막, 미드 포인트는 B-C 사이의 어딘가에 있다.

그림 18 갔다가 돌아오는 이야기의 구조를 정리한 그래프

[　]에는 캐릭터 등 고유명사를, (　)에는 구체적인 내용을 쓰라.

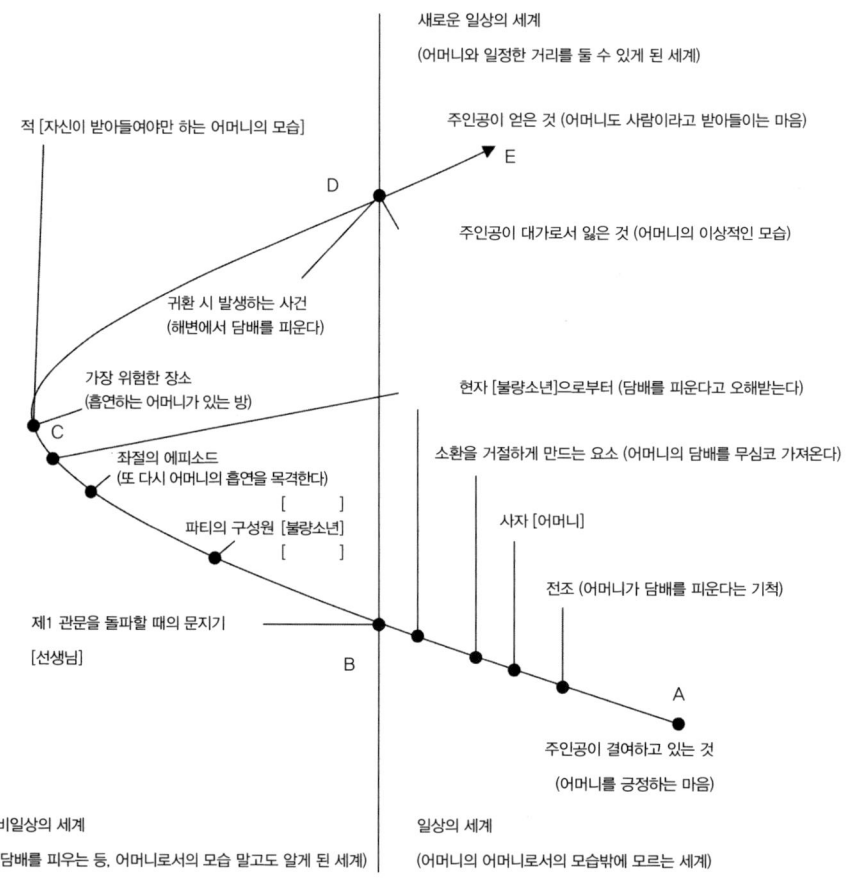

※ 현자의 서포트 포인트 및 문지기의 출현 포인트가 두 개 이상일 경우에는 그래프에 임의로 기입할 것.
※ 시나리오로서는 B→C가 가장 길고, C→D는 매우 짧으며, D→E도 마찬가지로 짧다. A→B가 가장 정형화되어 있는 부분이다.
※ A-B가 제1막, B-C가 제2막, C-E가 제3막, 미드 포인트는 B-C 사이의 어딘가에 있다.

그림 19 답변의 예

질문 29

이상을 염두에 두고 〈질문 1〉에서 쓰다 만 플롯을 1부 5장 「영웅의 여행」에 나오는 캠벨과 보글러의 12가지 과정에 맞춰 정리해보자.

① 일상의 세계
② 모험에 초대됨
③ 모험을 거절함
④ 현자와의 만남
⑤ 제1 관문 돌파
⑥ 동료·적 테스트
⑦ 가장 위험한 장소로 접근
⑧ 최대의 시련
⑨ 보상
⑩ 귀로
⑪ 재생
⑫ 귀환

해설

〈질문 29〉의 답변 방법은 1부 5장에서 보여준 대로다. 한 항목마다 한두 줄로 짧게 답변하길 바란다.

답변의 예와 코멘트

답변 예 29

① 일상의 세계 [어머니의 어머니로서의 모습밖에 모르는 주인공이 여전히 어린 아이로 있을 수 있었던 세계]

② 모험에 초대됨 [어머니가 담배를 몰래 피운다는 느낌은 있었으나 담배꽁초를 보고 드디어 알게 되었다]

③ 모험을 거절함 [어머니가 피우는 담배가 방치되어 있는 것을 보고 무심코 그것을 들고 집을 뛰쳐나온다]

④ 현자와의 만남 [불량소년을 만나며, 그에게 담배를 피운다고 오해받는다]

⑤ 제1관문 돌파 [주인공은 어머니와 의도적으로 얼굴을 마주치지 않도록 하며 해변에서 소년과 시간을 보낸다]

⑥ 동료·적 테스트 [소년은 소녀에게 담배를 슬쩍 피우자고 해보지만 피우지 않는다. 그것을 지적받은 주인공은 자신과 어머니에게 화가 나 어머니에게 화를 내려고 집으로 돌아간다]

⑦ 가장 위험한 장소로 접근 [어머니의 방 앞에 가자, 아니나 다를까 어머니가 담배를 피우는 기척이 느껴진다]

⑧ 최대의 시련 [문을 열려고 시도하지만, 도저히 열지 못한다]

⑨ 보상 [주인공은 다시금 해변으로 발을 옮기고 처음에 가지고 나왔던 어머니의 담배를 혼자서 피운다]

⑩ 귀로 [집에 돌아가자 주인공이 어디 갔는지 걱정하는 어머니가 있었다. 어머니가 지금까지 자신이 생각하던 것보다 나이를 들었음을 느낀다]

⑪ 재생 [주인공은 원래 생활로 돌아간다]

⑫ 귀환 [주인공은 먼저 자립한 소년과 가끔 만나고, 조금씩 어른이 되려고 생각한다]

사실 ⑫번 답변은 '어머니는 이전과 다를 바 없지만, 주인공에게 변화가 없다는 것은 어머니의 마음이 평온하길 바라는 반면 어머니의 모습이 변화하지 않을 것을 기대한다는 뜻이므로, 아직도 어머니의 다른 모습을 완전히 받아들이진 못하고 있다'고 되어 있었지만, 내가 조금 수정해봤다. 이 편이 '이야기'로서는 정합성이 있기 때문이다. 하지만 어디까지나 '이야기'로서 이렇게 되는 편이 바람직하다는 뜻일 뿐이다. 본인에게 물어본 것은 아니지만 이 플롯 안에는 답변자와 답변자 어머니의 실제 관계가 강하게 반영되어 있었을 것이다. 이야기로서는 주인공 내부에 결론이 나 있으니까 내가 고쳐 쓴 ⑫번 답변이 적합하겠지만, 답변자 내부에서는 어머니와의 관계가 그리 깔끔하게 결론낼 수 있을 만한 문제가 아니다. 현실 속의 사람은 단 한 번 '갔다가 돌아오는' 이야기를 겪는 것만으로는 바뀔 수도 있지 않거니와, 바뀌지 않더라도 크게 상관없다고 생각한다.

신화학자 미르치아 엘리아데⁴는 사회적 관습으로써의 통과의례는 이미 옛날에 사라졌음에도 불구하고 새로운 미디어 속에 통과의례적 구조를 가진 이야기가 넘친다는 사실이 가지는 의미를 탐구했다. 이처럼 사람은 미디어를 통해 '갔다가 돌아오는' 이야기를 접하면서, 그리고 작가 자신도 반복해서 그것을 씀으로써 마음의 균형을 찾아가는 것이다. 답변자 역시도 하기오 모토 등 '24년조' 이후의 일본 소녀만화가들이 그랬던 것처럼 '어머니와의 이야기'를 때때로 반복해서 그리며 이야기의 작자로서도 한 명의 여성으로서도 천천히 성장해갈 거라고 생각한다.

질문30

다시 한 번, 각자 만든 이야기를 한마디로 정리해보자.

해설

다시 한번 로그라인을 만들어보라. 〈질문 1〉보다는 훨씬 명확해졌을 것이다. 여기서 〈질문 30〉의 답변에 대한 예는 굳이 싣지 않겠다. 독자 여러분이 직접 그녀가 만든 이 이야기를 한 줄로 정리할 수 있을지 시험해보자.

저자 후기

이 책을 쓰면서 줄곧 무라카미 하루키의 소설이 떠올랐다. 무라카미 하루키의 데뷔작 『바람의 노래를 들어라』는 짧은 단락의 조합으로 구성된 소설인데, 작가는 이후에 그와 같은 방법을 '정크(폐품)를 모아 붙인 것'이라고 표현했다. 말하자면 그것은 '몽타주'나 '구성', '콜라주'라고 할 수 있겠다.

무라카미 하루키가 작중에서 이 소설을 바친 가공의 작가 데렉 하트필드와 1910년대 독일에서 포토몽타주를 '발견'했던 존 하트필드John Heartfield의 이름이 일치하는 것은 우연일지도 모르겠다. 하지만 예를 들어 『렉싱턴의 유령』에 라프카디오 헌Lafcadio Hearn이 미국에 있었던 시절 쓴 장편掌編 소설의 모티프를 차용했던 것처럼, 무라카미 하루키의 소설은 일반적으로 피츠제럴드 등 미국 문학의 영향 하에 있다는 이미지가 있지만, 실제로는 그와 좀 다른 러브크래프트H. P. Lovecraft나 브래드버리Ray Baradbury와 같은 펄프픽션 작가나 2차대전 이후의 일본문학에서 차용한 단편을 '모아 붙인' 것이기도 하다. 그때 그 조각들을 어떻게 몽타주할지가 문제가 되는데, 무라카미 하루키는 '이야기의 구조'라는 측면에서 답을 찾아낸 듯하다. 그런 의미에서 무라카미 하루키는 이야기론적인 필자라고 할 수 있다.

바로 이런 이유로 과거 무라카미 하루키나 저패니메이션과 같은 범세계화된 일본문화에 대해 '구조 밖에 없다'고 한 가라타니 고진의 단언은 흥미롭다. 몇 번이나 언급했지만, 가와바타 야스나리, 오에 겐자부로, 요시모토 바나나 등 해외에서도 호응을 얻은 문학은 전부 '구조'가 두드러진 소설이다. 그 점에 있어서는 무라카미 하루키도 미야자키 하야오도 예외가 아니다.

하지만 한편으로 '구조' 밖에 없다고 하는 이 나라의 소설, 애니메이션에서는 그 '구조'에 일종의 왜곡이 발생한다. 예를 들어 무라카미 하루키가 『스푸트니크의 연인』에서, 또 미야자키 하야오가 〈바람 계곡의 나우시카〉 이후 작품에서 여성들의 자기실현 이야기를 구조적으로 세련된 형식으로 그려내는 한편, 『해변의 카프카』에서는 카프카 소년이 아버지를 죽이는 이야기를 제삼자에게 떠넘기고, 또한 〈벼랑 위의 포뇨〉가 소년의 이야기임과 동시에 그 소년의 '갔다가 돌아오는 이야기'가 사실 어머니가 있는 자궁과도 같은 장소에 대한 일방통행적인 여행이며 그 귀로가 작중에서 그려지지 않았던 것(홍수가 결국 어떻게 되는가에 대해서는 세계가 '양수'로 가득 차면서 이야기가 끝난 것이라고 해석할 수 있다) 등의 문제에 단적으로 나타나 있다.

가와바타 야스나리가 「이즈의 무희」에서 서생을 '이즈'라는 이세계異世界로 여행시키면서 '아내'가 되어야 할 무희가 아니라 노파를 데리고 돌아간다는 바꿔치기에 관해서는 『캐릭터 소설 쓰는 법』에서 논한 바 있다. '성장하지 못하는' 장남을 모티프로 삼은 오에 겐자부로의 후기 작품을 포함하여 일본의 근대적인 남성 작가는 여성의 자기실현 이야기를 즐겨 쓰는 반면 남성들에게는 성숙을 유보시킨다는 인상이 있다. 그들은 작가로서 '구조'적인 이야기를 추구하면서도 그 '구조'가 강요하는 주제에는 저항함으로써 고유성을 획득하고 있다는 인상마저 있다.

2차 세계대전 이후의 만화를 다룬 내 전후戰後만화론은 데즈카 오사무 등의 작가들이 리얼리즘을 거부한 '기호'적인 그림을 통해서, 그렇지만 리얼리즘적일 수밖에 없는 '성장하는 신체'를 그리려고 했던 점에 입각해왔다. 하지만 그것과는 반대로 일본의 이야기는 '성장'이나 '자기실현'을 소구하는 이야기 구조에 '성숙 기피'라는 이야기를 끼워넣으려고 한다. 말하자면 그릇과 그 그릇에 넣으려는 내용 사이에 모순과 해리가 존재하는 것이다. 극단적으로 말하자면, 할리우드 영화에는 이 그릇과 내용물의 모순이 존재하지 않는 반면 일본의 만화와 문학에는 그것이 선명하게 나타난다고 할 수 있다. 그것은 일종의 문화적인 편차라고도 느껴진다.

스토리 작성 매뉴얼 서적의 후기로서는 좀 너무 문예비평 같이 되어버렸는지도 모르겠지만, 내가 말하고 싶은 것은 좋든 나쁘든 '구조'는 그릇에 지나지 않는다는 이야기이다. 그 그릇에 채워질 각각의 이야기로 인하여 때로는 '구조'가 일그러지기도 하고 변형되어 이질적인 것으로 바뀌기도 한다. 무라카미 하루키가 그랬던 것처럼 '구조'에서 결합될 부품은 다른 곳에서 빌려온 정크라도 아무 문제가 없다. '구조' 역시도 이미 정해져 있다. 하지만 그것이 각각의 창작자에 의해 개별적으로 이야기될 때마다, 고유의 이야기는 성립한다. 포스트모던적인 수법으로 '근대'를 옹호하고 기능하게 만든다는 것이 내 입장이라는 사실은 『캐릭터 메이커』에 밝힌 바 있다.

　이 책도 내가 쓴 일련의 창작론과 마찬가지로 대학에서 강의했던 내용을 기반으로 삼고 있다. 학생들은 구조적으로 스토리를 만들 것을 강요하면 할수록 각자가 가진 고유의 스토리에 도달한다. 30가지 질문과 답변을 통해 드러나는 것은 생각보다 훨씬 더 각각의 '나 자신'에 토대를 둔 스토리일 것이다. 사실 그 작업은 블로그나 게시판에서 자신을 드러내거나 악의를 표출하는 것보다는 분명히 더 수고스러울 것이다. 아마 이 책의 띠지나 광고에는 늘 그렇듯 '읽자마자 술술 글이 써진다'는 식의 홍보 문구가 붙지 않을까 싶지만, 30가지 질문에 답변을 다는 것은 그 나름대로 꽤 수고를 들여야 하는 귀찮은 작업이다. 하지만 그 수고를 통해 웬만한 독자들은 고유의 이야기를 손에 넣을 수 있을 거라고 생각한다. 그 '이야기'를 소설이나 각본, 혹은 만화 등 다른 장르의 작품으로 어떻게 뽑아낼지에 관해서는 각 영역에 따른 매뉴얼이 있을 것이다. 다만 갑자기 아무 절차도 없이 '자기표현'을 하는 것이 아니라, '구조' 속에서 이야기한다는 부자유스러움을 경험하는 것이 필요하다.

　갑작스럽게 느껴질지도 모르지만 내가 이 책을 쓰게 된 동기 중에는 사회에 물의를 일으킨 사건의 범인 중에 간혹 소설 비슷한 것을 쓰고 있었다는 사례를 몇 번 접했기 때문이기도 하다. 블로그나 인터넷 사이트까지 포함한다면 상당히 많은 사례가 있을 것이다. 내가 받은 인상으로만 기술하자면, 그들 혹은 그녀들은 자신의 내면에 있는 것을 아무 준비 없이 '씀'으로써 선을 넘어가버렸다는 느낌이 있다. 물론 그렇게 준비 없이 쓰여진 것 중에도 지극히 드물겠지만 '문학'이라고 불리는 소설과 기적적으로 닮게 되는 예가 없는 것은 아니다. 하지만 나는 그런 기적에는 관심이 없다. 이 책은 제한된 '문학가'를 만들기 위한 것이 아니라, 모든 사람이 스토리를 쓸 수 있도록 하기 위한 목적을 갖고 있기 때문이다. 자신의 내면에 제어하기 힘든 과잉된 무언가를 품고 있는 사람에게도, 정반대로 '아무것도 없는' 것에 절망하는 사람에게도, 이 책이 제시하는 '이야기론적으로 이야기하는' 것은 각각에 걸맞는 처방전으로 기능할 수 있지 않을까 생각한다. 구조라는 것은 다루기 까다로운 자신을 컨트롤함으로써, 혹은 그릇을 만듦으로써 존재하지 않던 '나'를 그곳에 불러들이기도 한다. 그런 의미에서 직업적인 작가가 되는 것과는 별개로 '이야기하는 기술'은 갖고 있어도 나쁘지 않으리라 생각한다.

이 책을 쓰는 데에 있어 『캐릭터 메이커』와 마찬가지로 아스키미디어웍스 출판사의 호시노 신이치 씨에게 많은 도움을 받았다. 또 1부 2장 및 2부에 인용된 '작례'는 도쿄예술대학 대학원 영상연구과 영화전공의 「이야기 이론」 및 고베예술공과대학 첨단예술학부 미디어표현학과의 「이야기 기초 실습」이라는 내 강의를 들은 학생들의 과제 작품을 사용했다. 협력해주신 분들께 감사드린다.

역자 후기

일본의 인문·비평 계열 서적은 한국에 많이 번역 출판되지 않는 편이다. 주요 저자 중에서 국내에 번역판이 많이 출간된 것은 가라타니 고진 정도이고, 그밖에 아사다 아키라의 번역서가 나왔다. 하스미 시게히코는 영화감독에 대한 비평서뿐이고, 심지어 2000년대에 가장 주목받은 아즈마 히로키조차 본격 비평서가 아닌 서브컬처론 위주로 소개되었을 뿐이다. 2000년대 이후 등장한 젊은 세대의 책은 언제쯤 번역서가 나올 수 있을지 난망한 상황이다.

오쓰카 에이지의 경우에는 공저서인 『망가·아니메』(오쓰카 에이지·사사키바라 고 공저, 최윤희 옮김, 써드아이, 2004)와 『캐릭터 소설 쓰는 법』(김성민 옮김, 한국출판마케팅연구소, 2005) 두 권이 번역된 바 있다.

그러다보니 일본의 문예 비평 상황이 과거와 현재에 걸쳐 어떻게 변화해왔고 어떤 인물이 어떤 주장을 펼쳤고 어떤 논쟁이 있어왔는지 국내에서는 널리 알려지지 않았다. 그렇기 때문에 이 책을 집어 든 독자 중에도 지금까지 스토리를 맡은 만화 작품(『다중인격 탐정 사이코』)과 작법서 정도만 소개된 이 책의 저자 오쓰카 에이지의 이력이나 주장을 정확히 알지 못하는 경우가 적지 않으리라 판단되어 후기를 쓴다.

오쓰카 에이지는 누구인가

오쓰카 에이지는 만화 스토리 작가, 그리고 잡지의 편집자로서 경력을 쌓았다. 그 와중에 대학에서 전공한 민속학 관련 저서를 비롯하여 만화와 서브컬처를 중심으로 한 비평서를 출간하며 많은 관심을 모았다. 그리고 특히 국내에서도 유명한 '오타쿠'란 단어가 지금처럼 일본 사회에서 일반화되기 시작한 최초의 사례였던, 나카모리 아키오라는 일본 평론가가 쓴 칼럼이 1983년 오쓰카 에이지가 편집장을 맡고 있던 잡지에 실리면서 그와 관련되어 일어난 논쟁에 편집장 자격으로 참가했다. 그 후 오쓰카 에이지는 1989년 도쿄·사이타마 지역의 연속 유아유괴살인사건에서 범인 미야자키 쓰토무의 특별 변호인을 맡는 등 오타쿠 문제에 크게 관여하게 되면서 일본의 '오타쿠론'에 있어 중심적 인물 중 한 명이 되었다. 그러다 보니 오쓰카 에이지보다 젊은 세대의 평론가들이 오쓰카 에이지의 논지를 출발점으로 삼은 경우가 적지 않다. 대표적인 사례가 아즈마 히로키인데, 국내에도 출간된 그의 대표적 저작인 『동물화하는 포스트모던』과 『게임적 리얼리즘의 탄생』에서 오쓰카 에이지의 저서는 중요하게 인용되고 있다. 물론 아즈마 히로키의 경우 인용하는 주된 이유는 오쓰카 에이지의 주장에 반론을 제기하거나 다른 형태의 논지를 전개하기 위해서이지만, 선행 연구에 대한 반론은 학문에 있어서 가장 기본적인 형태인 것이고 그런 반론이 등장한다는 것은 그만큼 해당 선행 연구에 주목할 만한 가치가 있다는 의미일 것이다.

평론과 창작 모두를 경험하고 또 서브컬처와 사회와 정치의 관계에 대해 민감하다는 점에서 오쓰카 에이지는 현재의 문학평론가들 가운데 돌출적인 존재라고 할 수 있다. 그가 1989년에 출판한 『이야기 소비론』은 오타쿠의 포스트모던화를 매우 이른 시기에 포착한 책으로, 『동물화하는 포스트모던』에서도 여러 번 반복해서 참조했다.

그리고 오쓰카 에이지는 라이트노벨과 관계 깊은 평론가이기도 하다. (중략) 1990년대 후반에는 평론가로서의 실천이 더해져, 주로 문예지를 무대로 순수문학과 라이트노벨을 등치시킨 선구적인 평론을 전개하기 시작했다. 2000년대에는 이 책에서도 지금부터 참조할 『이야기의 체조』나 『캐릭터 소설 쓰는 법』과 같은 라이트노벨의 창작 기법을 주제로 한 책을 차례로 출판했다.

(『게임적 리얼리즘의 탄생』, 아즈마 히로키 지음·장이지 옮김·선정우 감수, 현실문화연구, 2012년, 41~42쪽)

그밖에도 오쓰카 에이지는 다방면에서 비평 활동을 활발하게 전개했다. 그의 주된 논지는 만화를 중심으로 한 서브컬처에 기반을 두고 있으나, 문학이나 일본의 민주주의, 헌법, 천황 등 사회 분야에 대해서도 영향력 있는 평론을 다수 발표했다. 특히 그가 중심이 되어 전개된 이른바 '순문학 논쟁'은 1990년대 말부터 2000년대 초반 일본 문단에서 큰 논란이 되었다. 그 중에서도 오쓰카 에이지가 일본 문단을 대표하는 문예지 중 하나인 고단샤 〈군조〉 2002년 6월호에 기고한 「불량 채권으로서의 '문학'」이란 글은 일본 문단 권력과 문예 잡지에 대한 강한 비판이었다. 그의 이런 문단 비판의 바탕에는 바로 이 책에서 다룬 것처럼 '컴퓨터로 이야기를 쓸 수 있다'거나 '창작이란 특권의 해체'라는 개념과도 일관되는 사상이 존재한다. 오쓰카 에이지 본인은 스스로 자인하듯 인터넷이나 컴퓨터에 익숙한 사람이 아닌 관계로 직접적인 지적은 별로 하지 않았으나, 코믹마켓과 같은 일본 만화계의 자발적 역량 발휘나 니코니코동화(미국의 유튜브와 비슷한 동영상 업로드 사이트)와 픽시브(만화와 일러스트 그림 투고 사이트) 등 소위 UCC(유저가 직접 만든 콘텐츠) 사이트의 등장이나 미국 아마존의 전자서적 단말기 킨들을 필두로 한 전자서적 시장의 활성화는 그가 지적한 고전적인 문단 권력의 대안이란 측면과 관련지어 생각해볼 필요가 있다. 특히 과거의 구조에 얽매여 안주해온 일본의 문예 잡지 시스템에 대한 도전으로서 이런 새로운 시장의 등장은, 오쓰카 에이지 본인이 주도했던 '문학 프리마'(작가가 직접 참가하여 자신의 책을 판매하는 형식의 판매전)와 같은 '문학의 대안 시장'과 비교해볼 수도 있을 것 같다.

이와 같이 오쓰카 에이지는 일본 문학에 대한 비평을 전개해왔을 뿐 아니라『서브컬처 문학론』,『갱신기의 문학』등의 문예론,『그녀들의 연합적군』과 같은 페미니즘론,『전후 민주주의의 리허빌리테이션』,『전후 민주주의의 황혼』등 전후 민주주의론,『전후 만화의 표현공간』,『아톰의 명제』등 만화론,『소녀들의 '귀여운' 천황』등 전후일본론,『버려진 아이들의 민속학』,『소녀민속학』,『인신공양론—공희와 통과의례 이야기』등 민속학론,『헌법력』,『호헌파가 말하는 개헌론』등 일본 헌법론,『이야기 체조』,『스토리 메이커』등 창작·작법론 등 수많은 분야에서 다양한 저서를 집필해왔다. 공저서로도 『천황과 일본의 내셔널리즘』(미야다이 신지·진보 데쓰오와의 대담집), 『리얼의 행방—오타쿠는 어떻게 살 것인가』(아즈마 히로키와의 대담집) 등을 내며 활발하게 활동했다. 1980년대 말 이후 일본을 대표하는 비평가 중 한 사람으로 손꼽힐 만큼 다방면에서 중요한 저작을 남긴 것이다. 따라서 『캐릭터 소설 쓰는 법』과 『스토리 메이커』를 단순히 일본에서 튀어나온 흔한 작법서 정도로 볼 것이 아니라, 큰 인기를 얻은 베스트셀러 만화 스토리작가이자 편집자이며 문학과 사회 각 분야에 대한 중요한 비평 활동을 해온 인물이 집필한 '창작론'으로 받아들였으면 한다.

『스토리 메이커』를 읽는 방법

『스토리 메이커』는 일본에서 2008년에 출간되었다. 일본에서 2003년 출판된 『캐릭터 소설 쓰는 법』과 오쓰카 에이지 창작론의 시발점이라고 할 수 있는 『이야기 체조』를 잇는 작법서이다. 『스토리 메이커』에는 스토리텔링 분야에서 고전으로 꼽히는 책이 대거 인용되어 있다. 워낙 유명하고 국내외의 여러 대학에서 교재로 사용되기도 하는 책들이라 학생들에게는 익숙하겠지만, 내용면에서는 워낙 오래된 책들이라 딱딱하기도 하고 이해하기 힘든 부분이 있다. 하지만 역자가 생각하기에 『스토리 메이커』를 읽을 때 반드시 그런 인용 부분을 면밀하게 전부 다 읽어야 할 필요는 없을 것 같다. 블라디미르 프로프의 31가지 기능이니 크리스토퍼 보글러 『신화, 영웅 그리고 시나리오 쓰기』의 내용을 인용 및 설명한 부분은, 말하자면 영어를 학습할 때의 '문법' 부분이라고 생각하면 이해하기 쉽다. 문법은 필요하지만, 실생활에서 회화가 가능한지와는 별개인 경우도 많지 않은가. 중고등학교 국어시간에 국문법을 배우지만, 막상 현실에서 말을 할 때에 머릿속에서 문법을 일일이 떠올리면서 문장을 구성하는 사람은 아마 없을 것이다. 마찬가지로 『스토리 메이커』를 읽을 때에도 그런 인용 부분은 추가로 참고하는 정도면 충분하다. 실질적으로는 1부에서 저자 오쓰카 에이지가 하는 말, 그리고 2부의 30가지 질문지(「스토리 메이커」)만 신경 써도 충분하다. 내용을 읽으면서 이해가 잘 가지 않는 부분이 있다면 그때 원 저서를 다시 살펴보면서 확인하면 될 것이다. 독자 본인이 스토리텔링 그 자체를 연구하려는 목적에서 이 책을 집어든 것이 아니라 그저 창작에 도움을 얻고 싶을 뿐이라면 굳이 어렵게 씌어진 인용문을 완벽하게 이해할 필요는 없다.

『캐릭터 소설 쓰는 법』이 제목과는 별개로 단순한 작법서만이 아니라 일본의 서브컬처 비평서로서의 역할도 했던 것처럼 『스토리 메이커』 역시 작법서로서만이 아니라 스토리텔링 연구자에게도 참고가 될 만큼 스토리텔링 분야의 주요 저서를 오쓰카 에이지 본인의 관점으로 해석한 내용이 많다. 그런 부분은 창작자가 아니라 스토리텔링 분야를 연구하고자 하는 사람들에게는 충분히 참고가 될 것이라고 생각한다. 하지만, 아마도 이 책을 집어들 대다수는 창작을 목표로 하는 사람일 것 같으니 그런 독자는 굳이 복잡한 이론까지 연구하지 않아도 된다는 의미다. 물론 본인이 흥미가 있다면 따로 공부해도 나쁠 것은 없겠으나, 당장 만화를 그리고 싶다, 혹은 영화 시나리오를 쓰고 싶다, 게임 디자인을 해야겠다, 하는 사람이라면 그런 부분보다 저자 오쓰카 에이지의 설명에 집중하는 편이 낫다고 본다. 그리고 2장을 통해 실용적인 연습을 해보면 보다 빠른 결과물을 만들 수 있을 것이다.

이 「스토리 메이커」를 실제로 작품 활동에 사용한 사례도 있다고 들었다. 〈별의 목소리〉(2002)란 작품으로 1인 애니메이션의 새로운 장을 열었다고 평가받는 일본의 애니메이션 감독 신카이 마코토 같은 경우가 그런 사례다. 역자는 그가 처음으로 일본에서 평가를 받는 계기가 된 장편 〈별의 목소리〉가 완성되기도 전인 2001년, 일본으로 찾아가 애니메이션 작가로서 그의 작품 세계를 다루는 인터뷰를 세계 최초로 진행한 바 있다. 지금 신카이 마코토는 일본 뿐 아니라 한국을 비롯하여 세계적으로 주목을 받는 작가가 되었는데, 그런 그를 일본에서 초기부터 평가했던 인물 중 한 명이 바로 오쓰카 에이지였다. 그래서인지 신카이 마코토는 〈구름의 저편, 약속의 장소〉〈초속 5센티미터〉 등의 애니메이션 작품을 발표하며 프로로서 자리를 잡았음에도 불구하고, 이 책이 나오자 실제로 「스토리 메이커」를 사용해서 작품을 만드는 시도를 했다고 한다(역자가 개인적인 경로로 들은 것이기 때문에 이 이야기의 출처를 명기할 수가 없는 점을 양해 바란다).

오쓰카 에이지는 2012년 11월 역자가 기획한 청강문화산업대학교 만화창작전공과 합동 강연을 위해 방한한 바 있다. 당시 오쓰카 에이지의 만화 콘티 작법 강연은 만화가 지망생 및 만화가들에게 큰 호응을 얻었다. 일본에서는 일반적이지만 관련 서적이 거의 없는 관계로 한국을 비롯한 해외에 잘 알려지지 않고 있던 일본 만화의 작법인 '영화적 콘티 연출법'에 대한 강의였다. 그러나 『스토리 메이커』는 비단 만화만이 아닌 소설이나 영화 시나리오에도 적용 가능한 내용이므로, 어떤 창작물에서든 스토리 창작이 필요한 상황이라면 참고가 될 것이다.

『스토리 메이커』에 기술된 '기계처럼 글을 쓸 수 있다'거나 통일된 구조를 통해 다양한 이야기를 분석하는 작업은 어떤 신비성의 영역으로 생각되던 기존의 '문학'을 마치 자연과학처럼 바라보는 시도로 느껴지기도 한다. 그런 오쓰카 에이지의 시도는 비평 분야의 저서를 통해 알 수 있는 그의 사고 체계에 기반을 두고 있다. 하지만 국내에는 아직 만화 작품과 작법론만 번역·출판되어 있다 보니 오쓰카 에이지의 사상 체계를 전부 파악하기에는 무리가 있다. 향후 오쓰카 에이지의 다양한 저서의 일각이나마 소개되어서 『스토리 메이커』가 다른 시선으로 다시 읽힐 날이 오기를 바란다.

2013년 9월
선정우

주석

서문

1 한국어도 마찬가지지만 일본어는 문장에 한자를 다용하는데, 한자에는 '동음이의어'란 것이 존재하기 때문에 일본어 워드프로세서에서는 특정 글자를 쓴 다음 그에 해당하는 동음의 한자 단어 예시가 나오고 사용자가 그 중에서 고르도록 되어 있다. 컴퓨터로 일본어를 써보지 않은 사람은 조금 이해하기 힘들기 때문에 유사한 사례를 설명하자면, 마치 검색 사이트에서 한 글자를 입력하면 그 뒤에 예상되는 단어가 자동완성으로 떠오르는 것과 비슷하다고 보면 될 것이다. 한글 워드프로세서에서도 한자어를 쓰고 싶을 때에는 한자 변환을 하기 위해 동음의 한자 단어들이 떠오르고 그 중에서 원하는 단어를 고르도록 되어 있지만, 일본어에서는 굉장히 많은 단어가 한자어로 이루어져 있으니 그런 기능이 한 단어를 칠 때마다 매번 반복된다.

2 롤플레잉게임Role Playing Game: 참가자가 각자 자신의 역할role을 연기play하는 게임을 말한다. 당초에는 '테이블토크 RPG'라고 하여 일종의 보드게임처럼 참가자가 탁자에 둘러앉아 마치 연극처럼 캐릭터를 연기하는 형태였으나, 컴퓨터의 발달로 인해 PC(개인용 컴퓨터)나 가정용 게임기에서 플레이할 수 있는 RPG가 유행하게 되었다. 미국의 〈울티마〉 시리즈를 필두로 하여 그 영향을 받아 일본에서 만들어진 〈드래곤 퀘스트〉 시리즈, 〈파이널 판타지〉 시리즈 등이 대표적인 컴퓨터 및 게임기용 RPG로 유명하다.

3 여기서 말하는 '원작'이란 기본적으로 만화의 원작 스토리를 말한다. 일본에서는 워낙 만화라는 매체가 대중적이다 보니, 이처럼 만화 스토리 작가인 저자가 다른 설명 없이 그냥 '원작'이라고 쓸 경우에는 그것이 만화의 원작을 말한다는 것으로 이해될 수 있는 것이다.

4 『민담 형태론』: 블라디미르 프로프Vladimir IAkovlevich Propp, 1895~1970가 쓴 책으로 1928년 출판되었고 국내에도 여러 출판사에서 번역본이 출간되었다.

5 야나기타 구니오柳田國男, 1875~1962: 일본의 민속학자. 일본 민속학의 기틀을 다진 물로 평가받고 있다. 1913년에 잡지 〈향토연구〉를 간행했고 1924년에는 케이오의숙대학 문학부 강사로 민간전승에 관한 강의를 맡았다. 1910년에 발표한 설화집 『도오노 이야기』는 지금까지도 일본 민속학의 기초를 만들어낸 저서로 평가받고 있다.

6 와타시가타리私語り: '나[私]'를 화자로 하여 쓰여진 문장을 뜻한다. 자신의 경험담을 담은 글, 일기나 자서전은 물론 일본 문학의 사소설도 포함된다. 근래에는 블로그나 SNS(트위터 등)와 같은 인터넷 서비스 또한 와타시가타리로 간주된다.

7 신서新書: 일본 출판의 한 형식. 일종의 총서나 시리즈 형태로 만들어진 책을 말하는데,

당초에는 책의 내용보다도 그 판형(신서판, 173×105mm 혹은 그에 가까운 크기)을 기준으로 구분했다. 1938년 11월 창간된(신서 시리즈에는 마치 잡지처럼 '창간'이란 말을 사용한다) 이와나미쇼텐의 이와나미신서가 최초의 신서 레이블로 꼽힌다. 일본에서는 1954년경 1차 신서 붐이 일었고, 그 이후로도 많은 신서가 출판되어 일본 출판계에 교양을 목적으로 하는 독자들에게 큰 인기를 끌었다. 갖고 다니기 편한 작고 비교적 얇은 판형에 저렴한 가격으로 일본 독서 인구의 증가에 큰 영향을 미쳤고, 수많은 베스트셀러도 배출한 일본 출판계의 중요한 분야라고 할 수 있다. 『스토리 메이커』 또한 일본에서 신서로 출판되었다.

1부

1장

1 〈던전 앤 드래곤Dungeons&Dragons〉: 미국의 대표적인 테이블토크 RPG(롤플레잉게임). 세계 최초이자 최대의 RPG이기도 하다. 미국에서 1974년 처음 판매된 이후 전세계의 게임 문화 및 판타지 문학에 영향을 미친 작품. 특히 일본에서 1985년 번역된 이후 일본 판타지 문학에 중대한 전기를 가져왔다. 일본을 대표하는 판타지 소설 『로도스도 전기』는, 애초에 독립된 작품이 아니라 바로 이 〈던전 앤 드래곤〉의 '리플레이'(실제 게임의 플레이어들이 이 테이블토크 RPG를 실행한 과정을 기록한 것)로서 시작되었다는 점을 보면 그 영향력을 알 수 있을 것이다. 1985년 일본의 PC잡지에서 〈던전 앤 드래곤〉의 리플레이를 연재하는 과정에서 세계관과 그 줄거리, 그리고 캐릭터에 대한 독자의 반응이 높아지면서 해당 리플레이의 '게임마스터(GM)'(테이블토크 RPG에 있어서 게임 진행을 관리하는 일종의 관리자)였던 미즈노 료가 그 리플레이 내용을 소설로 만든 것이 『로도스도 전기』였다. 그리고 『로도스도 전기』 출간 이후 일본의 판타지 문학은 전부 『로도스도 전기』의 영향 하에 놓일 만큼 높은 인기를 구가했고, 그 이후 일본 판타지 문학은 『크리스타니아』 시리즈와 『슬레이어즈』를 거쳐 현재 일본 청소년들에게 인기가 높은 '라이트노벨'의 한 줄기로 이어졌다는 점에서 〈던전 앤 드래곤〉이 일본의 청소년 문학에 미친 영향력은 무척 크다. 덧붙이자면 현재 일본의 라이트노벨 장르는 판타지 문학 외에도 SF나 미스터리, 그밖에도 다른 종류의 아동문학(주브나일, 영어덜트 픽션)에서 많은 영향을 받고 있다.

2 '엄마 없다' 놀이: 원어 표현은 이나이 이나이 바아(いないいないばあ). 한국에서는 '얼레리 까꿍'에 해당하겠지만, 의미하는 바가 조금 다른 아이를 어르는 일본의 동작. 아이 앞에서 본인의 얼굴을 두 손으로 감추고 '없다 없다(이나이 이나이)'라고 말한 다음 '바아'라는 말과 함께 얼굴을 드러내어 아이한테 보여준다. 영어권에서는 'Peek-a-boo'라는 것이 이에 해당한다.

3 우바카와: 일본 옛날이야기에서 몸에 걸치면 노파의 모습이 된다고 하는 상상 속의 옷

을 말한다. 입으면 추악한 노파이지만 벗으면 다시 본래 모습으로 돌아간다.

4 후지타 쇼조藤田省三, 1927~2003: 일본의 사상가이자 정치학자. 2차 세계대전 이후 일본을 대표하는 진보파 지식인이다. 역시 정치학자이자 사상가인 마루야마 마사오의 제자로서 천황제 국가의 구조 분석에 관해서는 획기적이었다는 평가를 받고 있다. 『천황제 국가의 지배 원리』(1966), 『유신의 정신』(1967), 『정신사적 고찰―몇 가지 측면에 준거하여』(1982) 등의 저서가 있다.

5 오바야시 노부히코大林宣彦, 1938~: 일본의 영화감독. 1956년 대학 입학 후 재학 중부터 8mm 카메라로 단편영화를 만들었다. 1963년 첫 16mm 작품을 만들어 벨기에 국제실험영화제 심사위원 특별상 수상. 그 이후 TV CF감독으로 많은 활동을 했다. 1977년 상업영화의 첫 감독을 맡아 데뷔작 〈하우스〉를 만들었고 대표작으로 〈전학생〉(1982), 〈시간을 달리는 소녀〉(1983), 〈사비신보〉(1985), 〈표류교실〉(1987), 〈내일〉(1995) 등이 있다.

6 〈시간을 달리는 소녀〉: 1983년 7월 16일 개봉된 일본영화. 쓰쓰이 야스타카의 동명 SF 소설을 원작으로 하여 제작되었다. 1983년, 1997년, 2010년에 총 3번 실사영화화되었고 2006년에 애니메이션 영화로 만들어졌다. 1972년, 1985년, 1994년, 2002년에 총 4번 TV드라마화되었다. 국내에는 2006년의 극장용 애니메이션과 2010년의 실사영화가 개봉되었으며, 원작소설은 2007년 한국어판이 출판되었다.

7 〈울트라 세븐〉: 1967년부터 1968년까지 방영된 일본의 특촬* TV드라마. 〈울트라맨〉(1966~67년)을 만든 쓰부라야 프로덕션이 그 후속작으로 만든 작품으로, 방영 이후에도 여러 번 재방송되면서 높은 평가를 받아 1970년대 말 일본에서 자국산 특촬 히어로 작품에 대한 재평가가 이루어지는 계기가 되었다. (*특촬: '특수촬영'의 약자로서 SFX[Special Effects] 기술이 다용되는 영화나 TV드라마를 일컫는 일본의 용어다. SFX는 국내에서 주로 '특수효과'로 번역되므로 '특촬' 역시 특수효과로 번역할 수 있겠으나, 일본의 특촬은 할리우드 등 서양의 특수효과의 영향을 받으면서도 제작비 절감 등을 위해 독특한 길을 걷게 되어 '특촬'이란 별도의 장르를 만들었다고 볼 수 있다. 특촬 영화로는 〈고질라〉, 〈가메라〉 시리즈 등 주로 괴수 영화가 많고, 특촬 TV드라마로는 〈울트라맨〉 시리즈와 〈가면 라이더〉 시리즈, 그리고 〈슈퍼 전대물〉[국내에는 〈파워레인저〉 시리즈로 알려져 있다] 등이 유명하다.)

2장

1 다이쇼 아방가르드: 일본 다이쇼 시대(1910년대 후반부터 1920년대 전반)까지의 전위적 미술 운동을 뜻한다. 미래파와 다다이즘, 특히 미래파 중에서도 1920년에 일본을 방문한 다비드 불뤼크David Burliuk와 같은 러시아 미래파의 영향이 컸다고 한다. 또한 일본에서 2차 세계대전 이전 다다이즘 운동의 선구자적 존재였던 마보MAVO 그룹에는 『노라쿠로』라는 만화로도 유명한 만화가 다가와 스이호가 다카미자와 미치나오라는 이름으로 현대미술 활동에 참여하기도 했다.

2 포멀리즘formalism: 형식주의, 형식론. 특히 1910~30년대 러시아 문학운동 및 문학평론

의 일파를 '러시아 포멀리즘'이라고 한다. 이후 현대사상에 중요한 역할을 한 구조주의나 뉴크리티시즘(신비평)에 영향을 미쳤다고 한다.

3 레프 쿨레쇼프Lev Kuleshov, 1899~1970: 소련의 영화감독이자 각본가, 영화이론가. 1918년 첫 영화감독을 맡은 이후 1943년까지 영화를 만들었다. 1966년 베네치아국제영화제 심사위원 역임. DAUM백과사전에 의하면 몽타주로 영화를 구성하는 것을 중시했고, 영화이론에서 유명한 실험인 '배우의 무표정한 얼굴을 클로즈업한 장면을 접시 다음에 배치하면 배우는 관객의 눈에 배고파하는 것처럼 보이고, 무덤 다음에 배치하면 슬퍼하는 것처럼 보인다'는 '쿨레쇼프 효과'로 잘 알려져 있다. 『영화연출의 실제』(1935년), 『영화연출의 기초』(1941년) 등의 저서가 있다.

4 세르게이 에이젠슈타인Sergei Eisenstein, 1898~1948: 소련의 영화감독. 1925년 발표한 대표작 『전함 포템킨』을 통해 세계 영화이론에서 매우 중요한 연출법으로 손꼽히는 소위 '몽타주 이론'을 확립하고 스스로 실행했다. 그 후에도 1944~1946년 〈이반 뇌제雷帝〉 3부작(3부가 미완)을 통해 몽타주 이론을 집대성했다.

5 헤이세이 가면 라이더: 〈가면 라이더〉는 일본의 특촬 TV드라마 시리즈로서, TV드라마와 몇 편의 영화를 포함하여 1971년부터 지금까지 무려 40년 이상 이어지고 있는 일본을 대표하는 인기 히어로물이다. 1971년부터 1989년까지 이어진 〈가면 라이더〉 시리즈를 '쇼와 가면 라이더'라고 한다면, 2000년 방영된 〈가면 라이더 쿠우가〉부터 이어진 시리즈를 '헤이세이 가면 라이더'라고 한다. 쇼와昭和와 헤이세이平成는 둘 다 일본의 연호인데, 쇼와는 1925년부터 1989년까지, 헤이세이는 1989년부터 현재까지를 말한다. '헤이세이 가면 라이더' 시리즈는 2000년의 〈가면 라이더 쿠우가〉 이후 최신작 〈가면 라이더 위저드〉(2012년부터 방영 중)까지 14편째 방영되고 있다.

6 비공秘孔: 본래 '경락비공'이라고 하여 일본에서 창작된 단어다. 동양의학에서는 본래 경락經絡이라고 하여 기가 흐르는 길이 체내에 있다고 하는데, 뜸술, 침술 등에 사용되는 것이 바로 경락의 요충지에 해당하는 '경혈經穴'이다. 이것을 일본 만화 『북두의 권』(부론손 원작·하라 데쓰오 작화, 1983~1988년 연재)에서 인체의 급소로 표현하면서 일본에서 유명해졌다. 『북두의 권』에서는 권법을 통해 비공을 찔러 인간의 신체가 파열되기도 하고 반대로 인체가 강화되기도 하는 것으로 묘사되어 있다.

7 "너는 이미 죽어 있다": 만화 『북두의 권』 주인공 겐시로의 유명한 대사. 만화에서는 비공을 찔리면 인체가 파열되어 죽게 되는데, 주인공 겐시로가 비공을 찔린 상대방이 미처 죽기 전에 하는 말이다. 비공이 찔렸으니 곧 죽게 된다는 의미.

3장

1 극화劇畵: 만화의 한 종류로 일본에서 이름 붙여진 장르 명칭. 주로 성인 취향의 사실적

그림체와 스토리 중심의 진지한 전개의 만화를 극화라고 일컫는다. 일본 위키피디아에 따르면(2013년 7월 3일 확인) '극화'란 명칭은 만화가 다쓰미 요시히로의 1957년 대본만화 작품에서 처음 사용되었다고 한다. 그 후 1959년에 다쓰미를 비롯하여 『고르고 13』의 만화가 사이토 다카오 등 젊은 작가들이 모여 '극화공방'이란 모임을 결성한 후 그들의 활약에 의해 극화라는 용어가 정착되었다.

2 조지프 캠벨Joseph Campbell, 1904~1987: 미국의 신화종교학자. 『신의 가면』, 『천의 얼굴을 지닌 영웅』 등의 저서가 있다.

3 가지와라 잇키梶原一騎, 1936~1987: 일본의 만화 원작자 겸 소설가. 가지와라 잇키는 필명인데, 다카모리 아사오高森朝雄라는 필명을 쓰기도 했다. 대표작은 『거인의 별』(그림 가와사키 노보루), 『가라테 바보 일대』(쓰노다 지로·가게마루 죠야 그림), 『타이거 마스크』(쓰지 나오키 그림), 『사무라이 자이언츠』(이노우에 고 그림), 그리고 다카모리 아사오 필명의 대표작은 『내일의 죠』(지바 데쓰야 그림) 등이다.

4 원서에는 일본 고어체로 쓰여 있지만 본서에서는 읽기 쉽도록 현대어체로 번역했다.

5 이자나기, 이자나미: 일본의 고대사가 기술되어 있는 서적인 『고사기』에 등장하는 일본 신화의 신 이름. 이자나기가 남신, 이자나미가 여신이다. 이자나기와 이자나미는 남매이자 부부인데, 일본 신화의 중심적 신인 아마테라스 오오미카미를 비롯하여 스사노오 등 많은 신들의 부모이다.

6 빌 모이어스Bill Moyers, 1934~: 미국의 저널리스트. 빌 모이어스가 1985년과 86년에 걸쳐 미국의 PBS를 통해 가졌던 TV 대담 초고를 책으로 재구성한 『신화의 힘』이 출간되어 베스트셀러가 되었다.

7 오리구치 시노부折口信夫, 1887~1953: 일본의 민속학자이자 국문학자. 일본 민속학의 기초를 닦았다는 평가를 받고 있다. 일본 민속학의 여명기에 그 기틀을 닦은 야나기타 구니오와 학문적으로 서로 인정하면서도 논쟁을 벌이기도 하는 관계였다.

8 데즈카 오사무手塚治蟲, 1928~1989: 일본을 대표하는 만화가 겸 애니메이터. 1946년 4컷만화로 만화가 데뷔한 후 1947년 『신보물섬』(사카이 시치마 원안)이란 작품이 대히트하면서 인기 작가가 되었고, 1950년 『정글 대제』(국내 제목 『밀림의 왕자 레오』), 1952년 『철완 아톰』을 필두로 『리본의 기사』(국내 제목 『사파이어 왕자』), 『불새』, 『블랙잭』, 『유니코』, 『붓다』, 『아돌프에게 고함』 등 수많은 걸작을 내놓았다. 또한 1963년 자신의 작품을 원작으로 삼아 일본 최초의 연속 TV 애니메이션 시리즈 『철완 아톰』을 제작하여 현대 일본의 TV 애니메이션에 지대한 영향을 미친 애니메이터이기도 하다. 일본에서는 '만화의 신'이라고까지 불리며 많은 후배 만화가에게 존경을 받았다. 특히 동시대에 활동한 후배 만화가 후지코 후지오(『도라에몽』), 이시노모리 쇼타로(『사이보그 009』『가면라이더』), 아카즈카 후지오(『천재 바카봉』), 요코야마 미쓰테루(『철인 28호』『바빌 2세』), 마쓰모토 레이지(『은하철도 999』『우주전함 야마토』), 나가이 고(『마징가 Z』『데빌맨』) 등 일본을 대표하는 원로 만화가들이 전원 데즈카 오사무를 보고 만화를 그리기 시작했거나 그의 지대한 영향 하에 있었으니, '만화의 신'이라는 조금은 과장된 표현이 그가 살

아 있던 당시부터 나왔던 것도 충분히 이해할 만하다. 다만 근래에는 일본에서 새로운 만화 연구가 많이 진행되면서, 데즈카 오사무가 현대 만화의 많은 기법(대표적으로는 '영화적 연출법' 등)을 창조해냈다는 설에 대해서는 충분한 반론이 제기되었다. 그로 인해 아무 것도 없는 상태에서 현대 일본 만화를 혼자서 만들어냈다는 식의 '신화'는 무너졌다고 보아야겠지만, 그럼에도 불구하고 일본 현대 만화사에 있어 가장 중요한 작가임에는 틀림없다.

9 모쿠요토木曜島: 영어로는 서스데이 섬Thursday Island, 즉 '목요일 섬'은 오스트레일리아령의 섬이다. 1789년 추방된 영국 해군의 윌리엄 블라이 선장이 표류 중에 근처의 수요일 섬, 금요일 섬 등과 함께 발견했다고 전해진다. 1877년 개발이 시작되었고 그 후 진주 채취가 유망하다고 하여 일본, 말레이시아, 인도 등에서 노동자들이 몰려들었던 적이 있다. 전성기에는 거주 인구의 절반 이상이 일본인이었던 때도 있다고 한다.

10 부라쿠部落: 본래 일본에서 민가가 모여 있는 소규모 지역을 일컫는 용어다. 일본 역사 속에서 천민 거주 지역에 관한 문제를 '피차별 부락민'이라 부른 것에서 유래하여 '부락'이란 단어 자체에 피차별 부락이란 의미가 담기게 되었다.

4장

1 세토내해瀬戸内海: 일본 열도의 혼슈(가장 큰 본토 지역)와 시코쿠, 규슈 등 섬으로 둘러싸인 바다를 가리킨다.

2 픽사PIXAR: 미국의 영화회사. 1986년 창립된 이후 CG 중심의 애니메이션을 다수 제작하였고 2006년에 월트디즈니의 자회사로 편입됐다. 대표작은 〈토이 스토리〉(1996), 〈몬스터 주식회사〉(2002), 〈니모를 찾아서〉(2003), 〈월-E〉(2008) 등.

3 콘셉트 아트, 스토리 스케치, 스토리 릴 등: 주로 미국에서 사용되는 애니메이션·영화 용어다. 영화나 애니메이션을 만들 때 디자인, 아이디어 등을 시각화하여 작품을 만들기 전에 미리 일러스트로 그려보는 것을 콘셉트 아트라고 한다. 스토리 릴은 원화(스토리보드)를 영상화시킨 것인데, 아직 채색까지 완성된 것은 아니고 러프한 상태의 원화를 애니메이션화한 것이다.

4 미야자키 고로宮崎吾朗: 일본의 애니메이션 영화감독. 미야자키 하야오 감독의 아들이다. '미타카의 숲: 지브리 미술관' 종합 디자인을 맡았고 2001년 개관 후에는 초대 관장에 취임했다. 그 후 어슐러 K. 르귄의 판타지소설 『어스시의 마법사』를 원작으로 한 애니메이션 〈게드 전기: 어스시의 전설〉과 〈코쿠리코 언덕에서〉 등 지브리 애니메이션의 감독을 맡았다.

5 메리 블레어Mary Blair, 1911~1978: 1939년부터 디즈니 스튜디오에서 디즈니 애니메이션의 색채 담당으로 일했다. 대표작으로는 〈신데렐라〉(1950), 〈이상한 나라의 앨리스〉(1951), 〈피터팬〉(1953), 〈잠자는 숲속의 미녀〉(1959) 등.

6 애프터 레코딩: 후시녹음을 가리키는 일본식 용어. 일본에서는 주로 '아후레코アフレコ'

로 약칭된다. 영화나 TV 작품에서 먼저 영상을 촬영해두고 나중에 배우나 캐릭터의 대사만 따로 녹음하는 것을 가리킨다. 국내에서는 주로 타인의 목소리를 나중에 덧입힌다는 의미에서 '더빙'이라고 부르는 경우가 많다.

7 그림 콘티: 일본어로 '에콘테絵コンテ'라고 하는데 영어의 '스토리보드storyboard'에 해당하며 영화나 드라마, 애니메이션 등 영상 제작을 하기 전에 영상의 내용을 연속된 일러스트로 묘사하는 것을 말한다. 보통 국내에서는 '콘티'라고 일컫는데, 일본에서는 '콘티'라는 단어와 별개로 영화나 애니메이션에서 '그림 콘티'라는 말을 쓴다. 일러스트 없이 문장으로 이루어진 콘티도 있기 때문이다.

8 15년전쟁: 1931년 만주사변으로부터 1945년 포츠담선언 수락으로 인한 태평양전쟁 종결까지 약 15년간에 걸친 분쟁 상태 및 전쟁을 통칭하는 일본의 용어다. 단순히 태평양전쟁이라고만 하면 1941년 12월 7일 진주만 공격으로부터 시작한 전쟁 상태를 가리키게 되므로, 1931년 만주사변, 1937년 중일전쟁, 1941년 태평양전쟁을 전부 합쳐 일본이 일으킨 전쟁 상태를 원인부터 결과까지 종합해서 논할 때에 자주 사용된다. 다만 중간에 만주사변의 종결 등 전쟁이 중단된 시기가 있으므로 역사학적으로 엄밀하게 사용될 수 있는 용어는 아니라는 것이 일본 내의 일반적인 의견인 듯하다.

9 〈모모타로 바다의 신병桃太郎 海の神兵〉: 일본 해군성이 1944년 2차 세계대전 중에 제작한 국책 애니메이션 영화다. 개봉은 1945년 4월 12일, 일본 항복 4개월 전에 이루어졌다. 일본 최초의 장편 애니메이션 영화인 〈모모타로의 바다독수리〉(1943)과 같은 시리즈라고 할 수 있을 작품인데, 일본 해군 낙하산부대의 활약을 거액의 제작비와 100명 가까운 인원을 동원하여 제작했다.

10 세오 미쓰요瀬尾光世, 1911~2010: 일본의 애니메이터, 그림책 작가. 일본 최초의 장편 애니메이션 〈모모타로의 바다독수리〉, 〈모모타로 바다의 신병〉 감독이다.

11 이 부분에서 세오 미쓰요가 말하는 '만화'는 출판만화가 아니라 만화영화, 즉 애니메이션을 가리킨다. 국내에서 '만화'라고 하면 출판만화와 애니메이션, 심지어는 게임이나 캐릭터 산업에서의 '만화스러운 일러스트레이션'까지도 포함해서 일컫는 경우가 있는데, 당시에는 일본에서도 애니메이션을 '만화영화'라고 부르는 등 뭉뚱그려 표현하는 경우가 있었던 것이다. 그러나 현대 일본에서 만화(망가マンガ)와 애니메이션(아니메アニメ)라는 용어는 상당히 엄격하게 분화해서 사용되고 있다.

12 오시로 노보루大城のぼる, 1905~1998: 1931년 만화가로 데뷔하여 많은 작품을 발표했다. 1940년의 『화성 탐험』은 일본 SF만화의 선구적 작품이라고 평가받고 있으며 데즈카 오사무 등에게 영향을 미쳤다고 한다.

13 저패니메이션japanimation: 일본제 애니메이션을 칭하는 단어. 1970년대 말 미국에서 만들어진 속어인데, 본래 japan+animation의 결합이라고 하나 그와 별도로 일본인의 멸칭인 jap+animation이라고도 볼 수 있기 때문에 편견이 담긴 용어로 생각될 우려가 있어 일본에서는 이 단어보다 '아니메anime'라는 일본식 영어를 쓰는 경우가 많다. 하지만 1990년대 일본에서 '외국(특히 서양)에서 받아들여지고 호평을 받은 일본 애니메이션'이란 의

미를 담아 홍보용으로도 사용하면서 〈아키라〉, 〈공각기동대〉 등에 대해 '저패니메이션'이란 용어를 사용하기도 했다.

14 모에萌え: 본래 싹이 튼다는 의미의 일본어인데, 의미가 바뀌어 오타쿠 문화에서의 속어로서 애니메이션, 만화, 게임 등의 등장인물(캐릭터)에 대해 강한 매력을 느낀다는 의미에서 사용되고 있다. 단순히 평범하고 일반적으로 좋아하는 감정을 넘어선다고 보는 것이 일반적이지만 그것이 애정에까지 이르는지의 여부는 여러 이견이 존재한다. 1980년대 후반에서 1990년대 초반에 등장했다는 설이 일반적이지만 보통의 다른 속어와 마찬가지로 다양한 의견이 존재하기 때문에 정확한 어원이나 어떤 경위로 '萌'이란 한자를 사용하게 되었는지는 불분명하다. 2000년대 이후 일본 매스컴에서 많이 다루게 되면서 인지도가 크게 높아져 대중적인 단어가 되었다.

15 오타쿠おたく: 1970년대 일본에서 늘어난 애니메이션, 만화, 게임 등 서브컬처의 팬을 지칭하는 용어다. 그 이후 매스컴에서 널리 인지되면서 특정 분야에 몰두하는 사람을 가리키는 단어로 쓰이기도 하며, 국내에서도 '마니아' 등과 함께 자주 사용되기 시작했다. 본래는 일본어에 존재하던 2인칭 대명사 중 하나인데, 그 단어가 추후 '오타쿠'로 불리게 되는 사람들 사이에서 자주 사용된다는 이유로 그런 집단 자체를 지칭하는 단어가 되었다. 1983년 일본의 칼럼니스트 나카모리 아키오가, 본서의 저자 오쓰카 에이지가 편집장을 맡고 있던 잡지 〈만화 부릿코〉에 실은 칼럼에서 만화, 애니메이션 팬에 대해 일종의 멸칭으로 사용한 것을 통해 '오타쿠'란 단어에 대한 멸시적인 감각이 일반화되기 시작했다. 그후 오타쿠 범죄로 한때 일컬어졌던 1989년의 도쿄·사이타마 연속 유아 살인사건으로 인해 범죄자 예비군으로 사회적 주목을 받기도 했고, 그에 대한 반론으로서 오카다 도시오 등의 평론가가 1990년대 오타쿠란 존재를 긍정적으로 재평가하기도 했다. 2000년대에 접어들어서는 '모에'가 오타쿠 문화의 주요 요소로 주목받으면서 종래의 비평적 매니아로서의 오타쿠와는 일선을 긋는 일반화, 집단화가 이루어졌다고 보이는 등 오타쿠란 단어의 정의와 사용 방식을 둘러싸고 일본 내에서도 오랜 기간 동안 뉘앙스의 변화가 자주 일어났다. 한국에는 1990년대 이후 PC통신 등 온라인을 통해 본격적으로 소개되었으나 일본에서의 그와 같은 뉘앙스의 변화가 그때그때 즉각적으로 유입된 것은 아닌 관계로 일본과는 또 달리 다양한 변화를 겪어왔다. 그로 인해 일본에서나 한국에서나 오타쿠에 속한다고 보이는 집단 내부에서 특히나 다양한 평가와 반응이 일어나는 민감한 단어라고 할 수 있다.

16 코스프레: '코스튬 플레이costume play'의 일본식 약칭이다. 일본에서는 애니메이션, 게임 등의 등장인물처럼 직접 분장하는 것을 가리킨다. 그와 비슷한 분장 행위 자체는 서양에서도 할로윈 등의 영향으로 1960년대부터 이미 SF 팬 이벤트 등에서 〈스타 트렉〉 캐릭터의 가장 대회가 열렸다고 하는데, 일본 위키피디아(2013년 7월 29일 확인)에 의하면 그런 미국 SF 이벤트의 영향으로 1960년대 말에서 1970년대 일본SF대회를 통해 코스튬 쇼가 도입되었다고 한다. 하지만 본격적으로 코스프레가 활성화된 것은 만화 동인지 이벤트인 코믹마켓에서인데, 1977년 〈바다의 트리톤〉, 1978년 〈과학닌자대 갓차

맨〉(국내 제목 〈독수리 오형제〉)의 코스프레가 코믹마켓에 등장하면서 활성화되었다고 한다.
17 클로드 레비-스트로스Claude Lévi-Strauss, 1908~2009: 프랑스의 철학자, 사회인류학자. 벨기에 브뤼셀 출신. 주요 저서로는 1955년에 간행된 『슬픈 열대』 『구조 인류학』 등이 있다.
18 칼 구스타프 융Carl Gustav Jung, 1875~1961: 스위스의 정신과 의사, 심리학자. 심층심리에 관해 연구하여 통칭 '융 심리학'을 만들어냈다고 평가받는다. 주요 저서로는 『심리학과 종교』 등이 있다.
19 아르놀트 판 헤네프Arnold van Gennep, 1873~1957: 네덜란드계 프랑스 문화인류학자. 독일에서 태어났고 아버지는 네덜란드인이지만 어머니의 고향인 프랑스에서 자랐다. 대표적인 저서는 1909년 발표된 『통과의례』가 있다.
20 점프수트jump suit: 주로 작업복으로 사용되는 상의와 하의가 연결된 올인원 의상을 말한다.
21 종규鍾馗: 중국 민간전승에 나오는 요괴를 쫓는 신을 말한다. 쇠몽둥이로 귀신을 쫓는다고 하는데, 브리태니커 백과사전에는 단오절에 종규의 초상을 걸어놓아 귀신을 쫓고 사악함을 피할 수 있다는 민간 설화가 있다고 설명되어 있다.
22 입 찢어진 여자口裂け女: 1979년 일본에서 유행한 도시괴담의 주인공이다. 당시 일본에서는 사회적인 문제로까지 발전했다고 한다. 마스크를 쓴 젊은 여성이 하교 길의 어린이에게 "나 예뻐?"라고 물었을 때 예쁘다고 답하면 마스크를 벗고 길게 찢어진 입을 보여준다는 내용이다. 예쁘지 않다고 답하면 낫 등으로 찔려서 죽게 된다고 한다. 일본 위키피디아에 따르면(2013년 7월 30일 확인) 1979년 초에 갑자기 일본 전국 초등학생 사이에서 화제가 되었다가 1979년 8월경에 급속히 잦아들었다고 하는데, 그 이유는 여름방학이 되어 학생들이 등교하지 않게 되자 아이들 사이에서 소문이 퍼지기 힘들어졌기 때문이 아닌가 하는 분석이 있다고 한다.
23 시로무쿠白無垢: 겉과 속 모두 흰색으로 만들어진 일본의 전통옷. 일본에서는 옛날부터 흰색을 신성한 색으로 보아 주로 예복에 사용되었다. 현재는 일본 전통 혼례에서 결혼식 신부 의상 등에 사용되는 경우가 있다.

5장

1 배리언트variant: 이문異文이라 하여, 일반적으로 인정된 텍스트와 또 다른 문장, 혹은 사본이나 개정판을 의미한다.
2 우편 선거: 고이즈미 내각에서 우편 사업 민영화에 관한 헌법 수정을 두고 있었던 일련의 사건을 말한다. 우편 민영화 법안이 부결되자, 고이즈미는 중의원을 해산시키고, 중의원 선거를 유도했다. 그리고 우편 민영화 반대파가 출마한 선거구에 교묘하게 우편 민영화 지지파를 심어놓음으로써 중의원 선거를 우편 민영화에 대한 대결 구도로 몰고

갔으며, 지지파 가운데는 예능에서 유명한 인사들도 있었다. 이들을 이용해 우편 민영화를 추진하는 자신에게 '개혁자'의 지속적으로 표명함으로써 고이즈미 내각은 여당 의석의 3분의 2 이상을 차지하는 데 성공했다. 오쓰카 에이지는 이 사건을 『캐릭터 소설 쓰는 법』에서 할리우드 영화의 공식에 따라 분석 한 바 있다(보강 1 「9·11 이후의 세계와 재이야기화하는 세계」 참조).

3 야스히코 요시카즈安彦良和, 1947~: 일본의 애니메이터, 캐릭터 디자이너, 만화가. 현재 고베예술공과대학 미디어표현학과 교수. TV애니메이션 〈기동전사 건담〉(1979)의 캐릭터 디자인을 통해 이름을 널리 알렸다. 그 밖에도 〈용자 라이딘〉(1975), 〈초전자로보 컴배틀러 V〉(1976), 〈기동전사 Z건담〉(1985) 등 많은 애니메이션의 캐릭터 디자인을 맡았고, 〈거신 고그〉(1984), 〈비너스 전기〉(1989)의 감독을 맡았다. 1979년부터 만화가로도 활동했으며, 〈왕도의 개〉(1998), 〈모빌 수트 건담 THE ORIGIN〉(2001) 등의 작품은 한국어판도 출간되었다.

4 하스미 시게히코蓮實重彦, 1936~: 일본의 불문학자, 영화평론가. 1997년부터 2001년까지 도쿄대학 총장을 맡았다. 젊은 시절 파리 제7대학에서 일본어과 강사를 맡았고 그 당시에 읽은 들뢰즈, 롤랑 바르트, 푸코 등 프랑스 현대사상가를 일본에 소개한 바 있다. 1974년 비평가로 데뷔한 후 영화평론과 문예비평 분야에서 활동. 번역가로도 잘 알려져 있다. 『반 일본어론』(1978년 요미우리문학상 수상), 『푸코, 들뢰즈, 데리다』(1978년) 등의 저서가 있다.

5 가라타니 고진柄谷行人, 1941~: 일본의 철학자, 사상가, 문예평론가. 1969년 일본의 소설가 나쓰메 소세키를 주제로 쓴 평론이 제12회 군상 신인문학상을 수상하며 문예비평가로 데뷔했다. 1970년대에 하스미 시게히코와 함께 일본 사상사의 중요한 역할을 하며 이후 1980년대 아사다 아키라 『구조의 힘』이 베스트셀러가 되면서 시작된 일본의 '현대사상 붐'(뉴 아카데미즘)의 기반을 닦았다고 평가받는다. 한국에서는 『근대문학의 종언』, 『일본 근대문학의 기원』 등의 저서가 번역 출판되면서 이름을 알렸다. 그가 주재한 잡지 〈비평공간〉에서는 1990년대 이후 이름을 널리 알린 비평가 아즈마 히로키 등도 발굴되었다. 참고로 본서에 등장하는 소설가 나카가미 겐지와는 데뷔 이전부터 친구였다고 한다.

6 『드래곤볼』: 1984년부터 1995년까지 〈주간 소년 점프〉에 연재된 일본의 인기 만화. 만화가 도리야마 아키라의 작품으로 전 세계적인 대히트를 기록하며 한국에서도 1990년대에 만화와 애니메이션 양쪽에서 많은 인기를 끌었다.

7 약화略畵: '생략해서 간단히 그린 그림'(『다이지센』, 쇼가쿠칸)이란 의미로서 말하자면 스케치와 같은 그림을 뜻한다. 일본의 기타오 마사요시(1764~1824)라는 에도 시대 중기 우키요에 화가는 약화풍의 그림을 많이 그렸는데 1795년 약화 그림책 『약화식』을 저술했고 이어서 『조수약화식』, 『인물약화식』, 『산수약화식』, 『어패약화식』, 『화초약화식』을 그렸다. 이 『약화식』이 동시대의 유명 우키요에 화가 가쓰시카 호쿠사이의 『북재만화北齋漫畵』 등에 영향을 미쳤다고 한다.

8 종이 연극: 가미시바이紙芝居. 연기자가 그림을 보여주면서 목소리로 이야기를 들려주는 방식의 일본 전통의 퍼포먼스. 주로 아동을 대상으로 전국 각지를 떠돌면서 길거리에서 공연하는 형태로 유행했다. 일본 위키피디아(2013년 7월 29일 확인)에 의하면 1930년대에 만들어졌다고 하며 일본 독자적인 공연 형태로 일부 예외를 제외하면 다른 나라에서는 유사한 사례를 볼 수 없는 것이었다고 한다. 그림을 한 장 한 장 뒤로 넘겨가면서 그 그림에 해당하는 줄거리를 말로 들려주는 방식인데, 다른 나라에서 많이 볼 수 있는 인형극과 비슷하지만 인형이 아닌 그림을 보여준다는 점이 차이점이다.

9 크리스토퍼 보글러Christopher Voglar: 디즈니 애니메이션 〈미녀와 야수〉, 〈라이온 킹〉 등의 작가이자, 〈사선에서〉 〈파이트 클럽〉 등 1만 편이 넘는 영화 시나리오의 컨설팅을 맡은 시나리오 컨설턴트이자 스토리텔링 전문가다. 2010년 단국대 주최의 '3D영화 스토리텔링 개발 프로젝트'에 강사로 초빙되어 방한한 적이 있다.

10 〈레지던트 이블〉: 1996년 발표된 〈바이오해저드〉란 호러 액션 게임을 원작으로 한 영화이다. 2002년 1편이 개봉되어 흥행에 성공했다. 2004년, 2007년, 2010년, 2012년 지속적으로 속편이 발표되며 세계적인 인기를 끌었다.

11 『환마대전幻魔大戰』: SF소설가 히라이 가즈마사와 만화가 이시노모리 쇼타로가 합작으로 1967년부터 연재한 만화를 필두로 하여, 그 이후 히라이 가즈마사의 소설판과 이시노모리 쇼타로의 만화판이 여러 작품 발표되어 시리즈로 이어져온 일련의 작품군을 말한다. 1983년 애니메이션화되어 화제를 모았다.

2부

1장

1 르상티망: 원한, 복수심 등을 뜻한다. 인간 본성의 비합리적 측면, 특히 격정의 구실을 중시한 니체는 권력의지에 의해 촉발된 강자의 공격욕에 대한 약자의 격정을 복수심이라고 말했다.

2 소녀만화: 일본에서 만화를 구분하는 한 장르이다. 소년만화에 상대되는 개념이라고 할 수 있겠는데, SF만화, 판타지만화, 학원물 등 내용으로 구분하는 장르 개념과는 조금 다르게 대상 독자층을 한정하는 표현이라고 할 수 있다. 다만 일본에서도 소녀만화 장르가 확장됨에 따라 '소녀'가 아닌 성인 여성이나 남성 독자도 읽게 되면서 이와 같은 장르 명칭에 대해 의문이 제기되기도 한다. 한국에서는 유사 장르의 명칭을 '순정만화'로 부르는데, 국내에서도 내용면에서 '순정'적이지 않은 작품이 많아졌는데 여전히 순정만화라고 부르는 것에 대한 반론과 함께 '여성만화' 등 다른 대안이 제기되어왔듯이 일본에서도 비슷한 논의가 있었다고 보면 되겠다. 일본에서 소녀만화는 1930년대 소녀 대상 잡지에 연재된 만화가 선구적 존재로 보여진다. 한때 1953년 발표된 데즈카 오사무의 『리본의 기사』(국내 제목 『사파이어 왕자』)가 최초의 소녀만화로서 국내에 알려진 바 있었으

나, 그 후 일본에서 본격적인 만화 연구가 진행되면서 그러한 평가는 많이 퇴색됐다.
3 하기오 모토萩尾望都: 일본의 만화가. 1969년 데뷔하여 다른 여성 작가들과 공동 생활을 하는 등 이후 '24년조'라고 불린 여성 만화의 새로운 무브먼트를 1970년대에 이끌어냈다. 대표작으로『포의 일족』,『토마의 심장』,『11인 있다!』,『잔혹한 신이 지배한다』 등이 있다.
4 24년조: 쇼와 24년, 즉 서기 1949년을 전후하여 출생한 세대의 소녀만화가 일군을 지칭하는 명칭이다. 오시마 유미코(1947년 생), 야마기시 료코(1947년 생), 아오이케 야스코(1948년 생), 기하라 도시에(1948년 생), 하기오 모토(1949년 생), 다케미야 게이코(1950년 생) 등을 통칭하는데, 보다시피 1949년 조금 이전 출생자가 많음에도 24년조로 부른 것은 역시 하기오 모토와 다케미야 게이코의 등장이 가진 임팩트가 컸기 때문일 것이다. 서로 교류를 가지며 작품 활동을 했기 때문에 24년조라는 명칭으로 불리게 됐는데, 하기오 모토가『포의 일족』(1972~1976),『토마의 심장』(1974) 등 SF작품을 발표하고 다케미야 게이코가 소년들의 동성애 관계를 그린『바람과 나무의 시』(1976)와 SF만화『지구로…』(1977)를 발표하면서 1970년대 일본 만화계에 많은 영향을 미쳤다.
5 『다중인격 탐정 사이코』: 오쓰카 에이지가 원작을 맡고 만화가 다지마 쇼우가 그림을 그린 일본의 인기 만화. 시리즈 누계 900만 부가 판매되었으며 잔혹한 묘사 탓에 일본의 각 지역에서 2006~2008년 사이에 유해도서로 지정되기도 했다. 국내에는 만화만이 아니라 본서의 저자 오쓰카 에이지의 소설판도 번역되어 있다.
6 『어스시의 마법사A Wizard of Earthsea』: 어슐러 K. 르귄의 판타지소설 '어스시Earthsea' 시리즈 중 하나. 1968년 첫 작품인『어스시의 마법사』부터 1972년까지 3권의 단행본이 출간되고 그 이후 1990년과 2001년에 후속작이 발표되었다. J. R. R. 톨킨『반지의 제왕』, C. S. 루이스『나니아 연대기』와 함께 세계적으로 인기가 높은 판타지 문학이다. 일본에서는『게드 전기』라는 제목으로 번역되어 더 잘 알려져 있다. 2006년 일본의 스튜디오 지브리에 의해 애니메이션 영화로 만들어졌다.
7 도널드 위니콧Donald Woods Winnicott, 1896~1971: 영국의 소아과 의사, 정신과 의사, 정신분석가. 오랫동안 소아과에서 활동하며 정신적인 장애를 가진 아동과 그 어머니를 진찰한 경험을 토대로 정신의학의 발전에 많은 영향을 미쳤다.
8 라이너스의 담요: 라이너스 반 펠트Linus Van Pelt는 미국 만화『피너츠』의 주요 캐릭터 중 하나로 항상 담요를 가지고 다니며 때때로 엄지손가락을 빤다. 사람이 물건에 집착하는 상태를 가리켜 'security blanket' 및 '라이너스의 담요'라는 표현이 만들어지기도 했다. 사람은 유아 상태에서 물건에 대한 집착을 통해 안정감을 느낀다는 것으로 도널드 위니콧도 그에 대한 지적을 한 바 있다. (영어 위키피디아의 'comfort object' 항목 등을 참조)

2장

1 「저녁 학」: 옛날이야기「학의 은혜 갚기」를 각색한 일본의 극작가 기노시타 준지의 희곡

작품. 1949년 초연되었고 1986년까지 37년간 1037회 상연되었다고 한다.
2 도이 다케오土居健郎, 1920~2009: 일본의 정신과 의사이자 정신분석가. 도쿄대학 명예교수. 정신분석학에 입각한 일본인론을 많이 저술했다.
3 이시하라 신타로石原愼太郎, 1932~ : 일본의 정치가이자 소설가. 1956년 대학 재학 중에 발표한 데뷔작 『태양의 계절』로 제 34회 아쿠타가와 상을 수상했고, 이 작품은 즉시 영화화되어 '태양족'이란 유행어까지 낳으며 인기를 모았다. 그 후에도 사회성 짙은 작품을 발표하다가 1989년 『NO라고 말할 수 있는 일본』이란 에세이를 일본기업 소니의 회장 모리타 아키오와 공동 집필하여 미국에서 비판을 받기도 했다.
4 미르치아 엘리아데Mircea Eliade, 1907~1986: 루마니아 출신의 종교학자이자 작가. 국내에 『종교 형태론』, 『이미지와 상징』, 『대장장이와 연금술사』, 『영원회귀의 신화』, 『세계종교사상사』 등 다수의 종교 관련 저서가 번역되어 있다. 또한 문학 분야의 대표작인 『백년의 시간』도 번역 출간되었다.

찾아보기

숫자·영문

〈24〉 182, 215
24년조 157, 238, 264
C. S. 루이스 24, 264
H. P. 러브크래프트 240
J. R. R. 톨킨 23, 24, 132, 143, 240
RPG(롤플레잉게임) 9, 23, 71, 83, 253, 254
〈X파일〉 188

ㄱ

가라타니 고진 133, 241, 245, 262
〈가면 라이더〉 56, 255, 256
가쓰시카 호쿠사이 262
가와바타 야스나리 241
가지와라 잇키 257
각본 5, 64, 91, 94, 153, 174, 188, 243
갔다가 돌아온다 23, 24
『게드 전기』(『어스시의 마법사』) 92, 186, 258, 264
그림자 144, 186, 299
그림 콘티 94, 259
극화 70~72, 111, 256, 257
근친상간 87, 88
기타야마 오사무 218~220, 224, 226

ㄴ

『나니아 연대기』 264

나카가미 겐지 6, 15, 69, 72, 91, 105, 109, 133, 262
『남회귀선南回歸船』 70~73, 76~88, 98, 99, 101, 103, 104~115

ㄷ

다가와 스이호 134, 255
다이쇼 아방가르드 39, 134, 255
『다중인격 탐정 사이코』 159, 205, 207, 211, 213, 264
단일신화론 15, 124, 136
〈던전 앤 드래곤〉 23, 132, 254
데즈카 오사무 79, 95, 134, 165, 257, 259, 263
도널드 위니콧 198, 264
도이 다케오 220, 265
『도쿄 미카엘』 114
『드래곤볼』 133, 262
디벨롭먼트 136, 138, 160
디즈니 33, 92, 94, 134
디즈니랜드 33, 93, 120~122, 144

ㄹ

라이너스의 담요 198, 231, 264
라프카디오 헌 240
〈레드 드래곤〉 179
레이 브래드버리 240

〈레지던트 이블〉 138, 140~144, 146, 205, 207, 227, 263
레프 쿨레쇼프 40, 256
『렉싱턴의 유령』 240
롤랑 바르트 131, 262

ㅁ
마더 콤플렉스 222
마리 로르 라이언 11
마법민담 39, 42~44, 47, 50, 53, 55~61, 64, 108, 124
마저리 플랙 24
막스 뤼티 176
〈메이와 아기고양이 버스〉 28, 30, 196
메리 블레어 96, 258
「모모타로」 160
〈모모타로 바다의 신병〉 94, 95, 259
〈몬스터 주식회사〉 92
몽타주 이론 39, 40, 134, 256
무라카미 하루키 6, 91, 133, 177, 178, 240~242
미르치아 엘리아데 237, 265
미야자키 고로 92, 258
미야자키 하야오 27, 28, 30, 58, 91, 94, 134, 193, 196, 198, 241, 258
미야타 노보루 121

ㅂ
『바람 계곡의 나우시카』 132
『반지의 제왕』 23, 24, 143, 264
배리언트 130, 131, 133, 261
『배틀 로얄』 114
백스토리 173
〈벼랑 위의 포뇨〉 28, 91, 241

블라디미르 프로프 10, 39~43, 45, 49, 52~54, 60, 72, 84, 102, 140, 156, 188, 193, 198, 209, 253
빌 모이어스 75, 257

ㅅ
『서브컬처 문학론』 223, 248
세르게이 에이젠슈타인 134, 256
세오 미쓰요 94, 259
세타 데이지 23, 24
〈센과 치히로의 행방불명〉 28, 58, 194
쉘 실버스타인 50
스콧 피츠제럴드 240
〈스타 워즈〉 44, 53, 71, 75, 76, 84, 88, 91, 96, 100, 102, 111~113, 122, 129, 136, 159, 188, 193
스테레오타입 70, 72
『스푸트니크의 연인』 177, 241
〈시간을 달리는 소녀〉 35, 255
신화 제작 기계 9, 10, 13, 14
『신화의 힘』 76, 257

ㅇ
아르놀트 판 헤네프 97, 261
앨런 던데스 50
『앵거스와 두 마리 오리』 24, 25
야나기타 구니오 14, 253
야스다 히토시 9, 10
야스히코 요시카즈 132, 262
〈양들의 침묵〉 193, 197
『어디로 갔을까 나의 한쪽은』 50
영웅신화 96, 97, 99, 108, 113, 115, 116, 122, 123, 156
영웅신화의 구조 75, 123
「영웅의 여행」 136~138, 146, 205, 217
옛날이야기 28, 31, 32, 34, 39, 42, 59, 116, 176, 195, 196, 212, 221, 224, 226

오리구치 시노부 76, 257
〈오션스 일레븐〉 217
오에 겐자부로 91, 133, 241
오이디푸스 74, 75, 84, 87, 112
오타쿠 95, 246, 247, 249, 260
오토 랑크 74~76, 79, 99, 166, 175
와타시가타리 14, 253
요시모토 바나나 6, 198, 241
우바카와 29, 254
우치다 노부코 6, 129
〈울트라 세븐〉 35, 255
〈유희왕〉 56
이니시에이션 32, 107, 108, 114
이시하라 신타로 221~223, 226, 265
이야기론 82, 86~88, 91, 96, 109, 114, 129, 132, 136, 147, 156, 178
이야기의 개발 92
이야기의 문법 5~7, 10, 23, 39, 72
인과율 131, 132
『이야기 체조』 7, 10, 15, 70, 154, 163, 248
〈이웃집 토토로〉 28, 193, 196, 197, 231
「이즈의 무희」 216, 241

ㅈ
자기실현 96, 123, 137, 140, 144~146, 186, 228, 241, 242
저패니메이션 95, 134, 135, 241, 259, 260
조지 루카스 75, 88, 129, 131, 132, 136
조지프 캠벨 15, 71, 75, 76, 96~98, 100~102, 104~108, 111~117, 120, 122~124, 129, 131, 132, 136~138, 140, 142, 143, 146, 147, 156, 175, 193, 198, 211, 213, 217
존 하트필드 240

ㅋ
카프그라 증후군 157
칼 구스타프 융 101, 229, 261
『캐릭터 메이커』 15, 71, 79, 164, 165, 243, 244
『캐릭터 소설 쓰는 법』 131, 241, 245, 247, 249, 250
컴백물 170
클로드 레비-스트로스 129, 261

ㅌ
타로카드 130, 154, 200
통과의례 32, 115, 186, 237

ㅍ
패미컴 10
포멀리즘 39, 255
플롯 5, 11, 15, 63, 154, 159, 162, 201, 216, 232
프레미스(로그라인) 159~162, 171, 239
프로프의 31가지 기능 43, 50, 115, 117, 130, 136, 145, 164, 184, 249
피에르 마란다 10, 15
픽사 94, 258

ㅎ
하기오 모토 157, 238, 264
하스미 시게히코 133, 262
할리우드 91, 92, 95, 136
『헐리우드 영화 각본술』 175
『해변의 카프카』 177, 178, 217, 241
『호빗』 23, 24
『환마대전』 147, 263
후지타 쇼조 31, 255
흑막 83
〈히어로즈〉 147

부록
「스토리 메이커」 (※확대 복사해서 사용하시오.)

질문 1 당신이 앞으로 쓰려고 하는 이야기를 머릿속에 있는 상태 그대로, 형식에 구애받지 말고 써보라.

질문 2 〈질문 1〉의 플롯을 한 문장으로 표현하라.

질문 3 이제부터 당신이 쓰려는 이야기의 주인공에 관해 떠오르는 대로 써보시오.

질문 4 당신의 주인공이 현재 안고 있는 문제를 "주인공은 ×××가 결여된 상태다"라는 식으로 표현해보시오. 우선 결여된 것을 구체적으로 쓰고, 그 다음에 그것이 무엇을 상징하는지 한마디로 써보시오.

질문 5 주인공의 '현재'에 관해 설계해보고, 이미지에 가장 맞는 것을 아래 A~D 중에 선택해보라.
    A. 아직 자신의 운명을 자각하고 있지 않은, 보통 사람으로서의 상태 (0)
    B. 어떤 식으로든 사회적으로 성공한 상태에 있다 (＋)

C. 과거에는 성공했었지만, 지금은 잘 안 되고 있다 (+ → −)

D. 전혀 성공하지 못하고 있다 (−)

질문 6 이것은 주인공의 내적인 변화를 정의하는 것이다. A~D 중 하나를 선택했으면, 로그라인을 "주인공은 ×××인 상태에서 △△△를 원하고 있지만 결국 ㅁㅁㅁ가 된다"라는 정도의 간단한 문장으로 만들어보자.

질문 7 현재 주인공이 처해 있는 상태에 영향을 미친 '과거'에 관해 적어보라.

질문 8 〈질문 4〉의 답변을 기반으로 주인공이 '결여되어 있는 것'을 손에 넣기 위해 누군가에게 받게 되는 (혹은 스스로 치르지 않으면 안 되는) 구체적인 과제나 임무는 무엇일지 생각해보라.

질문 9 주인공은 외적인 목적이나 과제를 결국 달성하는가.

질문 10 그 결과 상징적으로 손에 넣는 것, 혹은 잃는 것은 무엇인가.

질문 11 주인공의 목적 달성을 방해하는 중심적인 캐릭터, 즉 '적'은 누구인가.

질문 12 주인공과 적의 가치관이나 사고방식은 어떻게 다른가.

질문 13 주인공의 옆에서 목적 달성을 도와주는 캐릭터는 누구인가.

질문 14 주인공을 돕는 중심적 캐릭터가 주인공을 돕는 이유는 무엇인가.

질문 15 주인공을 보호하거나 주인공이 성공하는 포인트가 되는 힘, 아이템, 아이디어, 지혜 등을 부여하는 캐릭터는 누구인가.

질문 16 주인공이 〈질문 15〉의 캐릭터에게 원조를 받는 이유는 무엇인가.

질문 17 주인공이 살고 있는 '일상 세계'는 어떤 장소·환경인가.

질문 18 일상에 위기가 닥칠 거라 예감하는 사건은 무엇인가.

질문 19 일상이 어떤 식으로 위기에 처하는지 구체적으로 써보자.

질문 20 주인공이 행동에 나서는 계기가 되는 '사자', '의뢰자'는 누구인가.

질문 21 주인공은 행동에 나서기를 주저하거나, 누군가에게 저지당한다. 그 부분을 반드시 만들어보라.

질문 22 주인공의 행동에 터부를 부여하겠는가.

질문 23 주인공에게 '일상'과 가장 멀리 떨어진 장소는 어디인가.

질문 24 주인공은 가장 위험한 장소에서 직면한 문제를 어떻게 해결하고, 그 결과 주인공은 어떻게 변화하는가.

질문 25 주인공이 목적을 달성하기 위해 잃은 것은 무엇인가.

질문 26 주인공이 적과 직접 대치할 때, 적을 이해하는가. 화해하거나 용서하지는 않나. 용서할 수 없다면 이유는 무엇이고, 어떤 부분을 용서할 수 없는가.

질문 27 이야기의 결말에서 주인공이 살아가는 환경은 어떻게 변화하는가.

질문 28 여기까지의 답변을 바탕으로 이야기를 다음 페이지에 있는 그래프에 기입해서 정리해보자.

질문 29 이상을 염두에 두고 〈질문 1〉에 쓰다 만 플롯을 1부 5장 「영웅의 여행」에 나오는 캠벨과 보글러의 12가지 과정에 맞춰 정리해보자.
　① 일상의 세계
　② 모험에 초대됨
　③ 모험을 거절함
　④ 현자와의 만남
　⑤ 제1 관문 돌파
　⑥ 동료 / 적 테스트
　⑦ 가장 위험한 장소로 접근
　⑧ 최대의 시련
　⑨ 보상
　⑩ 귀로

⑪ 재생
⑫ 귀환

질문 30 다시 한 번, 각자 만든 이야기를 한마디로 정리해보자.

[　]에는 캐릭터 등 고유명사를, (　)에는 구체적인 내용을 쓰라.

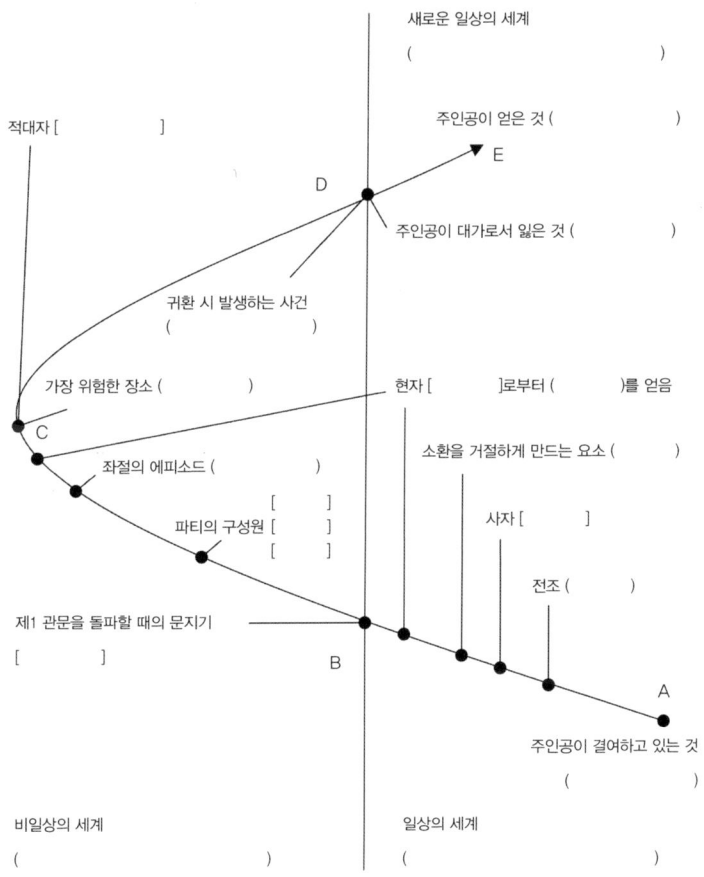

※ 현자의 서포트 포인트 및 문지기의 출현 포인트가 두 개 이상일 경우에는 그래프에 임의로 기입할 것.
※ 시나리오로서는 B→C가 가장 길고, C→D는 매우 짧으며, D→E도 마찬가지로 짧다. A→B가 가장 정형화되어 있는 부분이다.
※ A-B가 제1막, B-C가 제2막, C-E가 제3막, 미드 포인트는 B-C 사이의 어딘가에 있다.

국립중앙도서관 출판시도서목록(CIP)

스토리 메이커
/ 지은이: 오쓰카 에이지 ; 옮긴이: 선정우. — 서울 : 북바이북, 2013
    p. ;   cm

원표제: ストーリーメーカー
원저자명: 大塚英志
색인수록
권말부록: 스토리 메이커
일본어 원작을 한국어로 번역
ISBN 978-89-962837-0-6 03800 : ₩15000

글쓰기

802-KDC5
808-DDC21   CIP2013019947

스토리 메이커

2013년 10월 28일 1판 1쇄 발행
2023년 9월 20일 1판 7쇄 발행

지은이   오쓰카 에이지
옮긴이   선정우
펴낸이   한기호
펴낸곳   북바이북
             출판등록 2009년 5월 12일제313-2009-100호
             주소 121-839 서울시 마포구 서교동 484-1 삼성빌딩A동 2층
             전화 02-336-5675 팩스 02-337-5347
             이메일   kpm@kpm21.co.kr
             홈페이지 www.kpm21.co.kr

ISBN 978-89-962837-0-6 03800

북바이북은 한국출판마케팅연구소의 임프린트입니다.
책값은 뒤표지에 있습니다.